Paixão por Chocolate
ANA MARIA BRAGA

Paixão por Chocolate
ANA MARIA BRAGA

AGIR

© 2012, Ambar Agência de Eventos e Editora Ltda. / Ana Maria Braga

Direitos de edição da obra em língua portuguesa no Brasil adquiridos pela AGIR, um selo da EDITORA NOVA FRONTEIRA PARTICIPAÇÕES S.A. Todos os direitos reservados. Nenhuma parte desta obra pode ser apropriada e estocada em sistema de banco de dados ou processo similar, em qualquer forma ou meio, seja eletrônico, de fotocópia, gravação etc., sem a permissão do detentor do copirraite.

EDITORA NOVA FRONTEIRA PARTICIPAÇÕES S.A.
Rua Nova Jerusalém, 345 – Bonsucesso – 21042-235
Rio de Janeiro – RJ – Brasil
Tel.: (21) 3882-8200 – Fax: (21) 3882-8212/8313

CONCEPÇÃO, RECEITAS E DICAS ∞ **Ana Maria Braga**
PRODUÇÃO DE CULINÁRIA ∞ **Daniela Meira**
ASSISTENTE DE PRODUÇÃO DE CULINÁRIA ∞ **Manuela Corano**
COLABORAÇÃO ∞ **Cinthia Dalpino**
FOTOS ∞ **Lang**
ASSISTENTE DE FOTOGRAFIA ∞ **Artur Leite**
COORDENAÇÃO EDITORIAL ∞ **Adriana Torres**
COORDENAÇÃO DE PRODUÇÃO EDITORIAL ∞ **Ana Carla Sousa**
PRODUÇÃO EDITORIAL ∞ **Luana Luz**
REVISÃO ∞ **Anna Beatriz Seilhe e Rosana Alencar**
PROJETO GRÁFICO ∞ **Victor Burton**
DIAGRAMAÇÃO ∞ **Ventura Design**
FOTO ANA MARIA BRAGA ∞ **Publius Vergilius**

As receitas foram produzidas sob a supervisão e nas dependências da SC – Serviços ao Consumidor.

APRESENTAÇÃO

"Eu preciso de um chocolate!" Não sei quantas vezes ouvi essa frase da minha filha ou de alguém da minha equipe. Seja num momento de estresse, na TPM, após o almoço ou num simples fim de tarde.

Tem hora que nosso corpo pede um doce, e a sensação de uma barra derretendo na boca desperta um prazer inigualável. Muitos garantem que cura até a carência. Acredito que qualquer receita feita com este ingrediente é um gesto de carinho. Não é à toa que nunca falta brigadeiro nas festinhas de aniversário e bombons enchem de paixão a vida dos enamorados. Agradar com chocolate as pessoas que amamos faz bem até para a alma.

Uma musse com raspas sendo preparada, o bolo na batedeira, trufas com as mais diferentes texturas... só de imaginar já dá vontade de lamber os dedos ou raspar o fundo da panela. E se estiver friozinho? Nada combina mais.

Reunir as minhas receitas com esta delícia é mais que um livro, é praticamente um abraço apertado em cada uma de vocês. Como diz a música, "de chocolate o amor é feito, de chocolate bate o meu coração".

SUMÁRIO

RECEITAS

CRÈME BRÛLLÉE DE CHOCOLATE 11
TRIÂNGULOS DE CHOCOLATE 13
CUCA DE CHOCOLATE 16
TRUFA DE BISCOITO 19
TERRINE DE CHOCOLATE BRANCO
   E MANGA 22
MUSSE DE PÃO DE MEL 25
WAFFLE COM CHOCOLATE 28
ALFAJOR DIFERENTE 30
BRIGADEIRO CARAMELIZADO 33
PIRULITO DE CHOCOLATE 36
WAFFLE QUERO MAIS 39
COOKIES 42
ESPUMA DE CHOCOLATE 45
PÃO DE MEL 48
TETA DE NEGA 51
MUSSE DE CHOCOLATE LEVÍSSIMA 54
BOMBOM DE TRAVESSA 56
CHEESECAKE DE CHOCOLATE
   COM CEREJA 59
DOCE DE CHOCOLATE E GENGIBRE 62
MUSSE DE BOMBOM 65
TORTA DE CHOCOLATE E CERVEJA
   PRETA 67

BRIGADEIRÃO 70
TORTA DOIS BRIGADEIROS 72
BOLO MUSSE DE CHOCOLATE 75
BRIGADEIRO COM COCO 77
BOLO COZIDO DE CHOCOLATE 79
BOLO DE GELADEIRA 82
BARRINHA AMANTEIGADA
   DE CHOCOLATE 84
BRIGADEIRO COM MARACUJÁ 87
TRUFA DE PAÇOCA COM CHOCOLATE 89
BRIGADEIRO DE MANDIOCA 91
TORTA DE CHOCOLATE COLORIDA 93
BROWNIE DE CANECA 96
TORTA DE CHOCOLATE E LIMÃO 98
TORTA DE CHOCOLATE COM CAFÉ 101
OVO DE PÁSCOA TRUFADO 104
BOMBOM DOS ALPES 107
ANEL DE CHOCOLATE 110
BEIJO DA MULATA 113
BISCOITINHO DE CHOCOLATE 116
BOLO CHOCOCO 119
BOLO DE FÉRIAS 121
DOCINHO DE CHOCOLATE DE CORTE 123

BOLO DE CHOCOLATE EMBRULHADO 125
BRIGADEIRO BRANCO 127
PAVÊ BICOLOR 130
SORVETE DE CHOCOLATE 133
BALA DE CHOCOLATE 135
GELATINA DE CHOCOLATE 138
PÃO COM BOMBOM DE CHOCOLATE 140
PANETONE COM GOTAS DE CHOCOLATE 143
PETIT GÂTEAU DE CHOCOLATE E REQUEIJÃO 146
CREMOSO DE CHOCOLATE 149
ESPUMONE DE CHOCOLATE 151
FONDUE DE CHOCOLATE ESCURO 154
TORTINHA DE BANANA E CHOCOLATE 156
PIPOCA COM CHOCOLATE 159
CHOCOLATE QUENTE PICANTE 161
FOLHADO DE CHOCOLATE COM FRUTAS FRESCAS 163

TÉCNICAS DE TEMPERAGEM E DECORAÇÃO
TÉCNICAS DE TEMPERAGEM 1 169
TÉCNICAS DE TEMPERAGEM 2 171
DECORAÇÃO 172

TABELA DE EQUIVALÊNCIA DE MEDIDAS 173

RECEITAS

CRÈME BRÛLÉE DE CHOCOLATE

Rendimento: 12 porções

600ML DE CREME DE LEITE FRESCO ❧ 75G DE CHOCOLATE MEIO AMARGO ❧ 1 COLHER (CHÁ) DE ESSÊNCIA DE BAUNILHA ❧ 6 GEMAS PENEIRADAS ❧ 3 COLHERES (SOPA) DE AÇÚCAR ❧ 85G DE AÇÚCAR MASCAVO ❧ AÇÚCAR REFINADO OU MASCAVO PARA POLVILHAR A GOSTO

1. Numa panela, coloque o creme de leite e o chocolate, e leve ao fogo baixo até o chocolate derreter (cerca de 8 minutos). Reserve.

2. Numa tigela, coloque a essência de baunilha, as gemas, o açúcar refinado e o mascavo, e mexa bem.

3. Junte o creme reservado e, com uma colher, misture até que fique uniforme.

4. Divida o creme em pequenos refratários, com 8cm de diâmetro e 4cm de altura, e leve ao forno médio preaquecido a 180ºC, em banho-maria, por cerca de 40 minutos ou até que fique firme. Retire do forno, deixe esfriar e leve à geladeira. Na hora de servir, polvilhe açúcar mascavo ou refinado.

TRIÂNGULOS DE CHOCOLATE

Rendimento: 49 docinhos

1 LATA DE FLOCOS DE CEREAIS (400G) ༺ 2 OVOS ༺ 4 COLHERES (SOPA) CHEIAS DE MANTEIGA ༺ 2 COPOS (TIPO AMERICANO) DE AÇÚCAR ༺ 2 LATAS DE LEITE CONDENSADO ༺ 6 COLHERES (SOPA) BEM CHEIAS DE ACHOCOLATADO

1. Numa tigela, coloque os flocos de cereais, os ovos, metade da manteiga e o açúcar.

2. Com uma espátula, misture bem até formar uma massa homogênea. Reserve.

3. Numa panela, coloque o restante da manteiga, o leite condensado e o achocolatado, e leve ao fogo médio, sem parar de mexer.

4. Misture bem por cerca de 8 minutos. A mistura deve desgrudar do fundo da panela (ponto de brigadeiro mole). Reserve.

6. Sobre a massa, coloque o brigadeiro mole reservado.

5. Numa assadeira, de 35cm x 22cm, untada com manteiga, coloque metade da massa de flocos de cereais reservada e, com as costas de uma colher, aperte bem os flocos, compactando a massa no fundo da assadeira.

7. Espalhe o restante da massa de flocos de cereais sobre a superfície do brigadeiro.

8. Leve ao forno médio, preaquecido a 180ºC, por cerca de 20 minutos ou até dourar. Retire do forno e deixe esfriar. Corte no formato desejado e sirva em seguida.

CUCA DE CHOCOLATE
Rendimento: 1 torta média

4 COLHERES (SOPA) DE AMIDO DE MILHO ❧ 2 COLHERES (SOPA) DE MARGARINA, MAIS 100G PARA O PASSO 3 ❧ 1 LATA DE CREME DE LEITE ❧ 1½ LATA (MEDIDA DA LATA DE CREME DE LEITE) DE LEITE ❧ 2 COLHERES (SOPA) DE CHOCOLATE EM PÓ ❧ 1 LATA DE LEITE CONDENSADO ❧ 1 COLHER (SOBREMESA) DE FERMENTO EM PÓ ❧ 1 XÍCARA (CHÁ) DE AÇÚCAR ❧ 100G DE CHOCOLATE MEIO AMARGO RALADO ❧ 320G DE FARINHA DE TRIGO ❧ 1 OVO ❧ RASPAS DA CASCA DE LIMÃO A GOSTO

1. Numa panela, coloque metade do amido de milho, a margarina, o creme de leite, o leite, o chocolate em pó e o leite condensado, e leve ao fogo.

2. Mexa até obter um creme encorpado, por 8 a 10 minutos. Deixe esfriar.

3. Numa tigela, coloque o fermento em pó, o açúcar, o chocolate ralado, a farinha de trigo, o restante do amido de milho, a margarina, o ovo e as raspas de limão.

4. Com as pontas dos dedos, misture até obter uma farofa.

5. Numa fôrma redonda de fundo removível, com 20cm de diâmetro x 7cm de altura, untada com manteiga, coloque um pouco da farofa no fundo e nas laterais.

6. Distribua o creme já frio e cubra-o com o restante da farofa.

7. Leve ao forno preaquecido a 180ºC, por 40 minutos. Retire do forno, deixe esfriar, desenforme e sirva em seguida.

TRUFA DE BISCOITO

Rendimento: 30 bolinhas pequenas

200G DE ROSQUINHA DE CHOCOLATE TRITURADA ❦ 50ML DE CREME DE CACAU (OU CONHAQUE, OU UÍSQUE) ❦ 100ML DE LEITE CONDENSADO ❦ 100G DE GELEIA DE DAMASCO (OU OUTRO SABOR DA SUA PREFERÊNCIA) ❦ 100ML DE LEITE ❦ CHOCOLATE EM PÓ PARA EMPANAR ❦ FARINHA DE TRIGO PARA EMPANAR

1. Numa tigela, coloque a rosquinha triturada, o creme de cacau e o leite condensado, e misture bem até formar uma massa homogênea.

2. Leve a massa à geladeira por 30 minutos, para firmar. Assim, fica mais fácil modelar as bolinhas depois.

3. Com as mãos untadas com margarina, pegue uma pequena porção da massa de biscoito e faça uma bolinha. Com o dedo, aperte o centro da bolinha, formando uma cavidade. Recheie essa cavidade com a geleia e feche a bolinha. Repita o procedimento até terminar a massa. **DICA:** Manipule as trufas o mais rápido possível, pois o calor das mãos esquenta a massa e, assim, fica mais difícil modelar. Caso fique mole, leve a massa à geladeira por mais alguns minutos.

4. Passe as bolinhas no leite.

5. Depois, empane no chocolate em pó.

6. Por fim, passe-as pela farinha de trigo.

7. Leve as bolinhas empanadas ao congelador por 12 horas. Deixe 20 minutos fora do congelador antes de fritá-las. Frite-
-as em óleo quente e sirva em seguida.

TERRINE DE CHOCOLATE BRANCO E MANGA

Rendimento: 12 porções

CREME DE CHOCOLATE BRANCO: 6 GEMAS ❧ 5 COLHERES (SOPA) DE AÇÚCAR ❧ 5 COLHERES (SOPA) DE AMIDO DE MILHO ❧ 600ML DE LEITE QUENTE ❧ 300G DE CHOCOLATE BRANCO PICADO ❧ 150G DE MANTEIGA GELADA CORTADA EM CUBINHOS ❧ **MANGA CARAMELIZADA:** 1 MANGA (OU ABACAXI) DESCASCADA ❧ 3 COLHERES (SOPA) DE AÇÚCAR ❧ 1 COLHER (SOPA) CHEIA DE MANTEIGA

1. Numa panela fora do fogo, misture bem as gemas, o açúcar, o amido de milho e o leite quente com um batedor de arame, e leve ao fogo médio até engrossar.

2. Retire do fogo e acrescente o chocolate branco e a manteiga. Mexa até que o chocolate derreta e a mistura fique acetinada. Reserve.

3. Corte a manga em fatias de 0,5cm de espessura. Depois, com um cortador redondo, corte cada fatia em discos de 3cm de diâmetro. Reserve.

4. Numa frigideira em fogo médio, coloque o açúcar e a manteiga, e deixe derreter por 5 minutos, até ficar com cor de caramelo. Coloque os discos de manga nesse caramelo e deixe que cozinhem por 2 minutos de cada lado.

5. Retire os discos com um garfo e deixe que esfriem.

6. No fundo de uma fôrma tipo calha (retangular e de fundo arredondado), com 30cm de comprimento x 5cm de altura, forrada com filme plástico ou saco plástico, coloque metade dos discos de manga.

7. Por cima, despeje o creme de chocolate branco e, depois, cubra com o restante dos discos de manga. Leve ao congelador por 6 horas. Retire do congelador, descarte o filme e decore com caramelo.

MUSSE DE PÃO DE MEL

Rendimento: 12 porções

200G DE PÃO DE MEL COBERTO COM CHOCOLATE E PICADO GROSSEIRAMENTE ❧ ½ LATA DE LEITE CONDENSADO ❧ ½ XÍCARA (CHÁ) DE MEL ❧ 1 ENVELOPE DE GELATINA EM PÓ SEM SABOR (HIDRATADA E DISSOLVIDA CONFORME AS INSTRUÇÕES DA EMBALAGEM) ❧ 1 CAIXA DE CREME DE LEITE ❧ 2 CLARAS ❧ 1 COLHER (SOPA) DE AÇÚCAR ❧ 350G DE CHOCOLATE MEIO AMARGO DERRETIDO ❧ 350ML DE CREME DE LEITE FRESCO ❧ ¼ XÍCARA (CHÁ) DE LICOR DE CACAU

1. Numa tigela, coloque o pão de mel, o leite condensado, o mel e a gelatina, e misture bem.

2. Acrescente o creme de leite, mexa novamente e reserve.

3. Numa batedeira, coloque as claras e o açúcar, e bata bem até formar um suspiro. Desligue a batedeira, acrescente esse suspiro ao creme feito com pão de mel e misture delicadamente. Reserve novamente.

4. Numa tigela, coloque o chocolate derretido, o creme de leite fresco e o licor de cacau, e misture bem, formando uma ganache.

5. Coloque a ganache numa bisnaga (ou saco de confeiteiro) e reserve.

6. Numa fôrma para pudim, com 23cm de diâmetro, untada com óleo, coloque ⅔ do creme de pão de mel. Introduza o bico da bisnaga no centro do creme e aperte-a, para rechear.

7. Depois, cubra com o restante do creme. Leve à geladeira por cerca de 2 horas. Desenforme e sirva em seguida.

WAFFLE COM CHOCOLATE

Rendimento: 24 quadradinhos com 5cm de lado

4 CLARAS MÉDIAS ❧ 2½ XÍCARAS (CHÁ) DE AÇÚCAR ❧ 2 COLHERES (SOPA) DE GLUCOSE DE MILHO (XAROPE) ❧ 3 COLHERES (SOPA) DE GELATINA EM PÓ SABOR MARACUJÁ DISSOLVIDA EM ½ XÍCARA (CAFÉ) DE ÁGUA FERVENTE ❧ 800G DE CHOCOLATE FRACIONADO PICADO MISTURADOS COM 200G DE CHOCOLATE MEIO AMARGO PICADO (DERRETIDOS EM BANHO-MARIA) ❧ 4 FOLHAS DE WAFFLE (18CM X 27CM)

1. Numa panela em fogo médio, coloque as claras e o açúcar.

2. Mexa sem parar, até ferver e engrossar.

3. Transfira essa mistura para uma batedeira, adicione a glucose de milho e bata bem, até que grude nas pás da batedeira.

4. Acrescente a gelatina e continue batendo. Desligue a batedeira e deixe esfriar. Reserve.

5. Forre o fundo de uma assadeira retangular, de 20cm x 30cm, com uma folha de waffle e cubra-a com um pouco do marshmallow reservado. Repita as camadas duas vezes, terminando com outra folha de waffle.

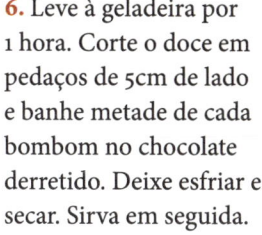 

6. Leve à geladeira por 1 hora. Corte o doce em pedaços de 5cm de lado e banhe metade de cada bombom no chocolate derretido. Deixe esfriar e secar. Sirva em seguida.

ALFAJOR DIFERENTE
Rendimento: 12 porções

500G DE CHOCOLATE MEIO AMARGO PICADO ❧ 500G DE CHOCOLATE AO LEITE PICADO ❧ RASPAS DE 2 LARANJAS ❧ 1 CÁLICE DE LICOR DE LARANJA ❧ 300ML DE CREME DE LEITE FRESCO ❧ 1 PACOTE DE BISCOITOS WAFER SABOR CHOCOLATE ❧ 1 PACOTE DE BISCOITOS WAFER SABOR MORANGO ❧ RASPAS DE CHOCOLATE BRANCO PARA DECORAR

1. Numa tigela em banho-maria, derreta o chocolate meio amargo com o chocolate ao leite. Depois de derretidos, junte as raspas e o licor de laranja. Misture bem.

2. Adicione o creme de leite e misture novamente, até formar um creme homogêneo. **DICA:** O creme deve ficar espesso para suportar o peso dos biscoitos.

3. Unte o fundo e as laterais de uma fôrma de bolo inglês, de 28cm x 11cm x 7cm, com manteiga. Depois, forre a fôrma com um saco plástico, deixando um pouco do plástico para fora da fôrma. **DICA:** Tente deixar o plástico bem lisinho, para evitar que o doce fique com ranhuras. Despeje um pouco do creme de chocolate, só para forrar.

4. Depois, faça uma camada com os biscoitos de chocolate.

5. Coloque mais um pouco do creme de chocolate.

6. Em seguida, coloque uma camada de biscoitos de morango e cubra-a com uma de creme de chocolate. Faça outra camada com biscoitos de chocolate e finalize com o creme. Cubra bem o doce com o plástico que sobrou nas laterais. Leve para gelar por 2 horas, corte em fatias e sirva com raspas de chocolate branco.

DICAS:
Você pode variar a maneira de colocar os biscoitos (os de chocolate num sentido e os de morango em outro) e, com isso, mudar o desenho interno dele.

Bata levemente a fôrma contra uma superfície lisa, para assentar o chocolate e as bolhas de ar saírem.

BRIGADEIRO CARAMELIZADO
Rendimento: 20 brigadeiros de 50g cada

1 LATA DE LEITE CONDENSADO ❧ ½ XÍCARA (CHÁ) DE BISCOITO MAISENA TRITURADO COMO FARINHA ❧ 3 COLHERES (SOPA) DE CHOCOLATE EM PÓ ❧ ½ COLHER (SOPA) DE MANTEIGA, MAIS UM POUCO PARA UNTAR A VASILHA E AS MÃOS ❧ **CALDA:** 1¼ XÍCARA (CHÁ) DE ÁGUA ❧ 500G DE AÇÚCAR ❧ ½ COLHER (CAFÉ) DE CREMOR TÁRTARO ❧ ¼ XÍCARA (CHÁ) DE VINAGRE

1. Numa panela, misture o leite condensado, a farinha de biscoito, o chocolate em pó e a manteiga. Mexa até dissolver bem o chocolate.

2. Leve ao fogo baixo, mexendo por mais ou menos 10 minutos, até soltar do fundo da panela.

3. Unte um prato com manteiga e despeje o brigadeiro. Deixe esfriar.

4. Unte as mãos com manteiga e faça bolinhas com pequenas porções da massa (em média 1 colher de chá). Leve ao congelador por, no mínimo, 4 horas.

5. Numa panela, misture a água, o açúcar e o cremor tártaro. Leve ao fogo médio, sem mexer.

6. Quando ferver, junte o vinagre. Deixe até obter uma calda em ponto de bala (cerca de 30 minutos em fogo baixo).

7. Retire os brigadeiros do congelador e, com um palito ou um garfinho, passe-os na calda. Coloque-os sobre uma superfície ou prato untado com manteiga e deixe esfriar. Arrume em forminhas de brigadeiro e sirva em seguida.

PIRULITO DE CHOCOLATE
Rendimento: 40 unidades

400G DE LEITE EM PÓ ❧ 200G DE FLOCOS DE CHOCOLATE COM MALTE ❧ 2 COLHERES (SOPA) DE MARGARINA ❧ 1 COLHER (SOPA) DE GLUCOSE DE MILHO AMARELA ❧ 1 LATA DE LEITE CONDENSADO ❧ LEITE ATÉ DAR PONTO ❧ ESSÊNCIA DE BAUNILHA A GOSTO ❧ CONFEITOS COLORIDOS PARA DECORAR ❧ CHOCOLATE AO LEITE DERRETIDO PARA BANHAR

1. Numa tigela, misture o leite em pó, os flocos de chocolate, a margarina, a glucose de milho, o leite condensado e a essência de baunilha até formar uma farofa grossa.

2. Adicione o leite aos poucos, mexendo bem.

3. Misture até a massa ficar macia.

4. Pegue pequenas porções da massa do tamanho de uma colher de sopa, alise bem nas palmas das mãos e insira, com cuidado, um palito no centro de cada uma.

5. Em seguida, banhe as bolinhas no chocolate ao leite derretido, segurando-as pelos palitos.

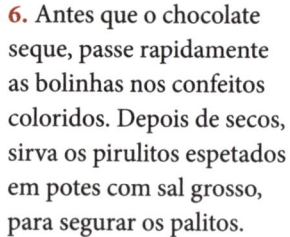

6. Antes que o chocolate seque, passe rapidamente as bolinhas nos confeitos coloridos. Depois de secos, sirva os pirulitos espetados em potes com sal grosso, para segurar os palitos.

WAFFLE QUERO MAIS

Rendimento: 10 unidades

200G DE MASSA DE CAJU OU PASTA DE AMENDOIM ❧ 200G DE CHOCOLATE COBERTURA AO LEITE DERRETIDO ❧ 4 FOLHAS DE WAFFLE (TIPO HÓSTIA) ❧ 150G DE CHOCOLATE HIDROGENADO MEIO AMARGO PARA BANHAR

1. Numa tigela, coloque a massa de caju ou pasta de amendoim e despeje o chocolate ao leite. Mexa até formar um creme.

2. Corte as folhas de waffle no tamanho do fundo de uma fôrma de bolo inglês.

3. Forre o fundo e as laterais da fôrma com saco plástico, deixando sobrar um pouco nas beiradas, e coloque um pedaço de folha de waffle. Depois, cubra com um pouco da mistura de creme de chocolate. Faça mais 3 camadas, intercalando as folhas de waffle e o creme de chocolate, terminando com a folha de waffle.

4. Aperte bem, cubra com o saco plástico que estava para fora da fôrma e coloque um saco de 1kg de algum alimento sobre o doce, para fazer peso. Deixe reservado por 1 hora.

5. Desenforme, retire o saco plástico e, com uma faca bem afiada, corte o doce em palitos de 3cm de largura.

6. Depois, com um pincel embebido no chocolate derretido, dê o acabamento, pincelando chocolate por toda a volta dos palitos. Antes de servir, deixe na geladeira por 15 minutos.

COOKIES

Rendimento: 100 unidades pequenas

2 XÍCARAS (CHÁ) DE MANTEIGA ❧ 2 XÍCARAS (CHÁ) DE AÇÚCAR REFINADO ❧ 2 XÍCARAS (CHÁ) DE AÇÚCAR MASCAVO ❧ 4 OVOS ❧ 2 COLHERES (SOPA) DE BAUNILHA ❧ 4 XÍCARAS (CHÁ) DE FARINHA DE TRIGO ❧ 5 XÍCARAS (CHÁ) DE AVEIA LIQUIDIFICADA (MEÇA A AVEIA E DEPOIS LIQUIDIFIQUE-A ATÉ TRANSFORMÁ-LA EM PÓ) ❧ 1 COLHER (CAFÉ) DE SAL ❧ 2 COLHERES (SOPA) DE FERMENTO EM PÓ ❧ 3 XÍCARAS (CHÁ) DE NOZES PICADAS ❧ 1KG DE CHOCOLATE MEIO AMARGO EM BOLINHAS OU CUBOS PEQUENOS

1. Numa batedeira, coloque a manteiga, o açúcar refinado e o mascavo, e bata até formar um creme.

2. Adicione os ovos e a baunilha, e bata bem. Desligue a batedeira e transfira a mistura para uma tigela grande.

3. Junte a farinha de trigo.

4. Misture bem com um batedor de arame até a farinha ser incorporada.

5. Acrescente a aveia e mexa novamente até ficar bem uniforme.

6. Adicione o sal e o fermento, e misture bem. Incorpore as nozes e o chocolate meio amargo. Mexa novamente até formar uma massa.

7. Com as mãos, modele bolinhas do tamanho de 1 colher de sopa (com cerca de 32g) e arrume-as numa fôrma, distantes 5cm umas das outras.

8. Leve ao forno preaquecido a 200°C, por 10 minutos. Com o calor, elas expandirão e ficarão com o formato de bolacha ou cookies.

ESPUMA DE CHOCOLATE

Rendimento: 10 porções

1 PACOTE DE GELATINA EM PÓ SEM SABOR ❧ ½ XÍCARA (CHÁ) DE ÁGUA FRIA ❧ 5 OVOS (CLARAS EM NEVE E GEMAS SEPARADAS E PENEIRADAS) ❧ ½ XÍCARA (CHÁ) DE ADOÇANTE PARA USO CULINÁRIO ❧ 125G DE CHOCOLATE AO LEITE EM BARRA DERRETIDO ❧ 1 XÍCARA (CHÁ) DE CREME DE LEITE SEM SORO ❧ 1 XÍCARA (CHÁ) DE LEITE DESNATADO

1. Hidrate a gelatina na água fria.

2. Leve ao micro-ondas por 30 segundos, na potência alta, para dissolver, sem ferver. Reserve.

3. Bata as gemas com o adoçante até formar um caldo grosso, por cerca de 2 minutos.

4. Junte a gelatina dissolvida e continue batendo.

5. À parte, numa tigela, junte o chocolate com o creme de leite.

6. Depois, junte as claras em neve.

7. Assim que estiver bem misturado, acrescente as gemas e mexa novamente.

8. Adicione o leite e mexa.

9. Coloque a mistura em taças ou potes individuais e leve à geladeira por 2 horas. Sirva gelado.

PÃO DE MEL

Rendimento: 20 pedaços

MASSA: 490G DE AÇÚCAR MASCAVO ❧ 400ML DE ÁGUA ❧ 2 PEDAÇOS DE 4CM DE CANELA EM PAU ❧ 4 CRAVOS INTEIROS ❧ 5 OVOS ❧ 700G DE FARINHA DE TRIGO ❧ 1 PITADA DE CANELA EM PÓ ❧ 25G DE CHOCOLATE EM PÓ ❧ 1 COLHER (SOBREMESA) DE FERMENTO EM PÓ (10G) ❧ 1 COLHER (SOPA) DE BICARBONATO DE SÓDIO (20G) ❧ 250ML DE LEITE ❧ 300ML DE MEL ❧ CRAVO EM PÓ A GOSTO ❧ **CALDA:** 200ML DE ÁGUA QUENTE ❧ 10G DE AÇÚCAR MASCAVO ❧ **COBERTURA:** 500G DE CHOCOLATE AO LEITE ❧ 500G DE CHOCOLATE MEIO AMARGO

1. Numa panela, coloque o açúcar mascavo, a água, os pedaços de canela e os cravos inteiros. Mexa em fogo baixo até dissolver completamente, por cerca de 15 minutos. Transfira a calda para uma vasilha grande e deixe esfriar. Reserve.

2. À parte, bata bem os ovos na batedeira até dobrar de tamanho, por cerca de 8 minutos. Desligue a batedeira e peneire a farinha de trigo, a canela em pó, o chocolate em pó, o fermento e o cravo em pó. Misture bem com a ajuda de um batedor de arame.

3. Depois, adicione o bicarbonato de sódio já dissolvido no leite e misture bem.

4. Incorpore o mel e mexa mais um pouco.

5. Adicione a calda de açúcar mascavo e mexa novamente. Despeje a massa numa fôrma retangular grande e alta, de 30cm x 40cm, untada com manteiga (ou forrada com papel-manteiga untado) e polvilhada com chocolate em pó, e leve para assar em forno preaquecido a 180ºC, por cerca de 40 a 50 minutos.

6. Retire do forno e, com um garfo, fure toda a superfície do pão de mel.

7. Regue a massa com uma mistura de açúcar mascavo e água quente, e deixe repousar por 5 minutos.

8. Corte o pão de mel em quadrados com 4cm de lado, derreta o chocolate ao leite junto com o meio amargo e misture bem. Banhe cada pedaço de pão de mel e depois leve à geladeira por 10 minutos. Sirva em seguida.

TETA DE NEGA

Rendimento: 10 unidades

2 COLHERES (SOPA) DE GELATINA SEM SABOR E INCOLOR ❧ 100ML DE ÁGUA QUENTE ❧ 250G DE AÇÚCAR ❧ 300G DE CHOCOLATE MEIO AMARGO DERRETIDO PARA BANHAR

1. Hidrate a gelatina em água quente (conforme as instruções da embalagem) e depois dissolva por 30 segundos no micro-ondas. Reserve.

2. Numa batedeira, coloque a gelatina dissolvida e o açúcar.

3. Bata por 15 minutos, sem parar, até ficar firme (em ponto de marshmallow).

4. Coloque o marshmallow num saco de confeitar com bico liso. Feche-o bem, para o creme não vazar.

5. Delicadamente, encoste o bico sobre um papel-manteiga e aperte o saco até formar uma espiral de três voltas. Faça mais espirais, com uma distância entre elas, até terminar o marshmallow. Leve os doces à geladeira por 15 minutos.

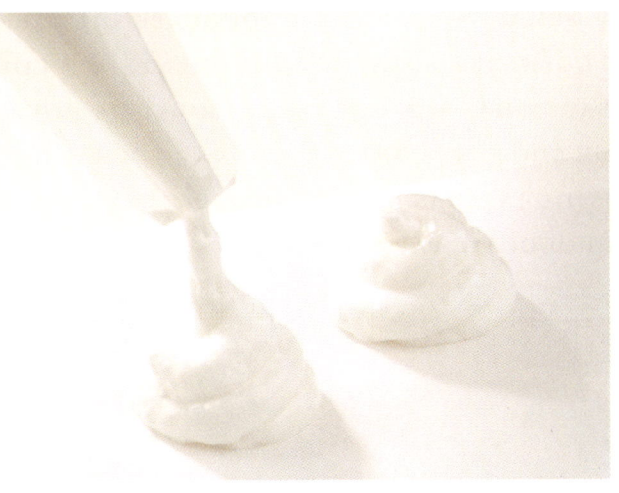

6. À parte, derreta o chocolate meio amargo. Depois que os doces estiverem firmes, banhe-os no chocolate e deixe-os escorrer e secar no papel-manteiga. Sirva em seguida.

MUSSE DE CHOCOLATE LEVÍSSIMA

Rendimento: 5 porções

3 GEMAS ❧ 140G DE CHOCOLATE DIET (SEM AÇÚCAR) DERRETIDO ❧ 2 COLHERES (SOPA) DE ÁGUA QUENTE ❧ ½ COLHER (CAFÉ) DE ESSÊNCIA DE BAUNILHA ❧ 4 COLHERES (SOPA) DE ÁGUA QUENTE ❧ 10 ENVELOPES DE ADOÇANTE GRANULADO ❧ 3 FOLHAS DE GELATINA BRANCA PICADAS E HIDRATADAS ❧ 3 CLARAS EM NEVE EM PONTO FIRME ❧ RASPAS DE CHOCOLATE PARA DECORAR

1. Numa batedeira, coloque as gemas e bata bem até que fiquem encorpadas. Acrescente o chocolate e continue batendo por 3 minutos.

2. Junte a essência de baunilha, a água quente, o adoçante e a gelatina dissolvida, e bata novamente por mais 1 minuto.

3. Incorpore delicadamente as claras

4. e mexa até a mistura ficar homogênea.

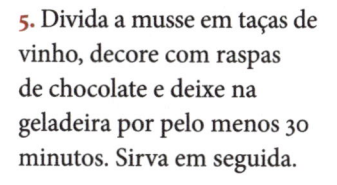

5. Divida a musse em taças de vinho, decore com raspas de chocolate e deixe na geladeira por pelo menos 30 minutos. Sirva em seguida.

BOMBOM DE TRAVESSA

Rendimento: 10 porções

2 LATAS DE LEITE CONDENSADO ❧ 1 COLHER (SOPA) DE MANTEIGA ❧ ½ XÍCARA (CHÁ) DE LEITE ❧ 300G DE AMENDOIM TOSTADO SEM CASCA E PELE E PICADO, MAIS UM POUCO PARA DECORAR ❧ 200G DE CHOCOLATE AO LEITE PICADO ❧ 1 LATA DE CREME DE LEITE

1. Numa panela, misture o leite condensado, a manteiga e o leite.

2. Leve ao fogo brando, mexendo sem parar, até começar a engrossar e soltar do fundo da panela, como um brigadeiro.

3. Despeje em um refratário e deixe esfriar.

4. Espalhe o amendoim sobre o brigadeiro frio. Reserve.

5. Derreta o chocolate em banho-maria e incorpore o creme de leite. Mexa delicadamente, até obter um creme liso e homogêneo.

6. No refratário, distribua o creme de chocolate sobre o amendoim e cubra com filme plástico. Leve à geladeira por pelo menos 4 horas. Na hora de servir, decore com amendoim.

CHEESECAKE DE CHOCOLATE COM CEREJA

Rendimento: 10 fatias

1 PACOTE (140G) DE BISCOITO DE LEITE SEM RECHEIO TRITURADO COMO FAROFA ❧ 3 OVOS ❧ 1 POTE (240G) DE CREAM CHEESE ❧ 3 GOTAS DE CORANTE ALIMENTÍCIO VERMELHO ❧ 100G DE CEREJAS AO MARASQUINO ESCORRIDAS E SECAS NO PAPEL-TOALHA BEM PICADAS ❧ 1 LATA DE LEITE CONDENSADO ❧ 300G DE CHOCOLATE AO LEITE PICADO ❧ 80G DE MANTEIGA ❧ 100G DE CHANTILI ❧ ESSÊNCIA DE AMÊNDOA (OU OUTRA DE SUA PREFERÊNCIA) A GOSTO

1. Unte uma assadeira redonda, de 20cm de diâmetro, com manteiga derretida e forre o fundo com os biscoitos triturados. Alise a superfície com as costas de uma colher e leve para assar em forno preaquecido a 180ºC, por 10 a 15 minutos, ou até que a massa fique levemente dourada. Reserve.

2. Enquanto isso, em uma batedeira, bata 1 clara até o ponto de neve.

3. Espalhe a clara sobre a massa assada e leve ao forno por mais 3 minutos ou até dourar.

4. À parte, coloque na batedeira o cream cheese, a gema (que sobrou do ovo usado para a clara), os outros ovos, a essência de amêndoa, o corante, as cerejas e o leite condensado, e bata por 1 minuto.

5. Despeje a mistura de cereja sobre a massa e asse por 15 a 20 minutos a 180°C. Espere esfriar.

6. Numa panela média, derreta o chocolate picado e a manteiga, em fogo baixo, mexendo sempre. Retire do fogo e deixe esfriar, por cerca de 20 minutos.

7. Depois de frio, acrescente o chantili ao creme de chocolate e misture até ficar homogêneo.

8. Espalhe a mistura sobre o cheesecake e alise a superfície. Leve ao congelador, por cerca de 20 minutos, ou até o chocolate endurecer. Desenforme e sirva em seguida.

DOCE DE CHOCOLATE E GENGIBRE

Rendimento: 6 porções

3 GEMAS ❦ ⅓ DE XÍCARA (CHÁ) DE AÇÚCAR ❦ ¾ DE XÍCARA (CHÁ) DE CREME DE LEITE ❦ 100G DE CHOCOLATE MEIO AMARGO PICADO ❦ 2 COLHERES (SOPA) DE GENGIBRE FRESCO RALADO ❦ **COBERTURA:** 2 COLHERES (SOPA) DE MANTEIGA ❦ ⅓ DE XÍCARA (CHÁ) DE AMÊNDOA SEM CASCA E PELE PICADA ❦ 3 COLHERES (SOPA) DE AÇÚCAR ❦ ⅓ DE XÍCARA (CHÁ) DE FARINHA DE TRIGO

1. Numa batedeira, coloque as gemas e o açúcar, e bata até obter uma mistura clara. Reserve.

2. Numa panela, coloque o creme de leite e o chocolate, e leve ao fogo médio, mexendo até ferver e o chocolate derreter. Apague o fogo, transfira a mistura para uma tigela e deixe esfriar.

3. Depois que o chocolate esfriar, incorpore-o às gemas batidas e mexa bem.

4. Volte a mistura ao fogo e cozinhe, sem parar de mexer, por 1 minuto.

5. Retire do fogo e junte o gengibre ralado. Mexa bem.

6. Despeje em potes individuais, sem enchê--los por completo. Cubra com filme plástico e leve à geladeira.

7. Numa panela, derreta a manteiga, incorpore as amêndoas, o açúcar e a farinha de trigo, e mexa por cerca de 5 minutos, até formar uma farofa úmida.

8. Na hora de servir, retire o filme plástico e cubra com a farofa de amêndoas.

MUSSE DE BOMBOM
Rendimento: 8 porções

2 LATAS (400G) DE DOCE DE LEITE ❧ 6 COLHERES (SOPA) DE CHOCOLATE EM PÓ ❧ 1 XÍCARA (CHÁ) DE LEITE ❧ 3 CLARAS EM NEVE ❧ 8 BOMBONS PICADOS

1. Na batedeira, bata o doce de leite e o chocolate em pó.

2. Incorpore o leite e bata novamente até obter um creme fofo.

3. Desligue a batedeira e incorpore delicadamente as claras em neve com um batedor de arame.

4. Pique os bombons com uma faca afiada.

5. Junte os bombons picados ao creme da batedeira.

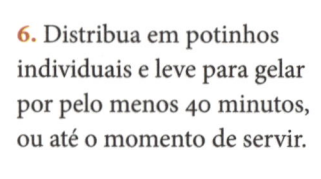

6. Distribua em potinhos individuais e leve para gelar por pelo menos 40 minutos, ou até o momento de servir.

TORTA DE CHOCOLATE E CERVEJA PRETA

Rendimento: 6 porções

1 LATA (350ML) DE CERVEJA PRETA ❧ ½ XÍCARA (CHÁ) (90G) DE AÇÚCAR, MAIS 2 COLHERES (SOPA) (20G) PARA POLVILHAR ❧ ½ XÍCARA (CHÁ) (100ML) DE CREME DE LEITE FRESCO ❧ 1 XÍCARA (CHÁ) (160G) DE CHOCOLATE MEIO AMARGO PICADO ❧ 4 OVOS ❧ 2 COLHERES (CHÁ) DE ESSÊNCIA DE BAUNILHA ❧ 2 XÍCARAS (CHÁ) (120G) DE PÃO ITALIANO (OU PÃO DORMIDO) CORTADO EM CUBOS MÉDIOS ❧ **CALDA:** 6 COLHERES (SOPA) DE AÇÚCAR MASCAVO ❧ 2 LATAS DE CERVEJA PRETA (700ML) (PREFIRA A DOCE) ❧ 200G DE CHOCOLATE MEIO AMARGO PICADO GROSSEIRAMENTE

1. Numa panela, coloque a cerveja preta, o açúcar e o creme de leite, e leve ao fogo médio até o açúcar dissolver completamente, por cerca de 5 minutos.

2. Retire do fogo. Adicione metade do chocolate meio amargo picado e misture até dissolvê-lo. Deixe amornar.

3. Numa tigela, coloque os ovos e misture bem até espumar ligeiramente. Adicione a essência de baunilha e, aos poucos, a mistura de chocolate e cerveja, mexendo sempre.

4. Em outra tigela, misture o pão, o restante do chocolate meio amargo e o creme feito no passo anterior. Misture bem para umedecer o pão.

5. Num refratário redondo, de 25cm de diâmetro, untado com manteiga, despeje a mistura de pão com chocolate e polvilhe 2 colheres de açúcar. Leve ao forno médio preaquecido a 180°C por cerca de 45 minutos. Retire do forno e sirva com a calda de cerveja preta.

6. Para fazer a calda de cerveja preta, coloque numa panela em fogo médio o açúcar mascavo e a cerveja preta, e deixe reduzir por 15 minutos, até formar uma calda grossa.

7. Adicione o chocolate meio amargo e deixe derreter na calda. Apague o fogo e sirva com a torta.

BRIGADEIRÃO

Rendimento: 20 unidades

6 GEMAS ❧ 2 LATAS DE LEITE CONDENSADO ❧ 2 LATAS (LATA DE LEITE CONDENSADO) DE LEITE ❧ 6 COLHERES (SOPA) DE CHOCOLATE (OU ACHOCOLATADO) EM PÓ ❧ 1 COLHER (SOPA) DE MARGARINA ❧ CHOCOLATE GRANULADO A GOSTO PARA DECORAR

1. Num liquidificador ou batedeira, coloque as gemas, o leite condensado e o leite.

2. Acrescente o chocolate em pó e a margarina. Bata até ficar homogêneo.

3. Em forminhas individuais redondas (pode ser de empadinha, mas precisa ter o fundo arredondado para facilitar na hora de desenformar), untadas com margarina, despeje a mistura e leve para assar em banho-maria a 200ºC por cerca de 50 minutos. Retire do forno e deixe esfriar. Desenforme e decore com chocolate granulado.

TORTA DOIS BRIGADEIROS
Rendimento: 14 fatias

450ML DE LEITE ❧ 1 LATA DE CREME DE LEITE ❧ 4 OVOS ❧ 1 COLHER (CHÁ) DE ESSÊNCIA DE BAUNILHA ❧ 1 LATA DE LEITE CONDENSADO ❧ 400G DE CHOCOLATE MEIO AMARGO DERRETIDO ❧ 1 PACOTE DE PÃO DE FÔRMA SEM CASCA ❧ CHOCOLATE GRANULADO A GOSTO PARA POLVILHAR

1. Num liquidificador, coloque o leite, o creme de leite, os ovos, a essência de baunilha e o leite condensado, e bata até obter um creme homogêneo branco. Reserve.

2. Misture 1 xícara (chá) do creme branco reservado com o chocolate derretido, até formar um creme homogêneo escuro. Reserve.

4. Faça outra camada com as fatias do pão.

3. Numa fôrma retangular, de 35cm x 25cm, untada com manteiga, coloque um pouco do creme branco. Depois faça uma camada com o pão de fôrma, forrando o fundo. Despeje metade do creme branco sobre as fatias, para umedecer.

5. Novamente, umedeça bem as fatias de pão com o restante do creme branco.

6. Sobre essa última camada, espalhe o creme escuro reservado.

7. Cubra a fôrma com papel-alumínio e leve ao forno preaquecido a 180ºC, em banho-maria, por 40 minutos.

8. Retire do forno, salpique chocolate granulado e deixe esfriar. Leve à geladeira por 2 horas, desenforme e, na hora de servir, salpique um pouco mais de chocolate granulado para decorar.

BOLO MUSSE DE CHOCOLATE

Rendimento: 8 fatias médias

BOLO: 5 OVOS ❧ 2 COLHERES (SOPA) DE CHOCOLATE EM PÓ ❧ 1 COLHER (SOPA) DE MARGARINA ❧ 2 COLHERES (SOPA) DE FARINHA DE TRIGO ❧ 1 COLHER (SOPA) DE AVEIA EM FLOCOS FINOS ❧ 1 XÍCARA (CAFÉ) DE LEITE ❧ 1 COLHER (SOPA) DE FERMENTO EM PÓ ❧ 5 CLARAS BATIDAS EM NEVE ❧ RASPAS DE CHOCOLATE PARA DECORAR ❧ **MUSSE:** 2 XÍCARAS (CHÁ) DE LEITE CONDENSADO ❧ 1 XÍCARA (CHÁ) DE LEITE ❧ 3 COLHERES (SOPA) DE CHOCOLATE EM PÓ ❧ 1 XÍCARA (CAFÉ) DE CREME DE LEITE ❧ 1 SAQUINHO (24G) DE GELATINA EM PÓ SEM SABOR DISSOLVIDA EM ½ XÍCARA (CAFÉ) DE ÁGUA

1. Numa batedeira, coloque os ovos e bata até que dobrem de volume, por cerca de 8 minutos. Em seguida, acrescente o chocolate e continue batendo.

2. Junte a margarina, a farinha de trigo, a aveia e o leite, e bata por 3 minutos. Por último, acrescente o fermento em pó e misture bem.

3. Transfira para uma assadeira redonda, de 22cm de diâmetro e com fundo falso, e leve ao forno para assar, por 25 minutos, a 180ºC. Deixe esfriar. Despeje a musse por cima do bolo e leve à geladeira por 2 horas. Na hora de desenformar, acerte as laterais para deixá-las bem lisinhas. Enfeite com raspas de chocolate.

DICA: Se quiser, coloque uma tira de acetato em volta do bolo antes de despejar a musse e prenda com uma fita adesiva. Depois, cubra o bolo com a musse e leve para gelar. Na hora de desenformar, é só retirar a fita, acertar as laterais e servir.

4. Para fazer a musse, bata no liquidificador por 3 minutos o leite condensado, o leite, o chocolate em pó, o creme de leite e a gelatina dissolvida. Depois, despeje-a sobre o bolo.

BRIGADEIRO COM COCO
Rendimento: 50 unidades médias

BRIGADEIRO: 1 LATA DE LEITE CONDENSADO ❧ 1 COLHER (SOPA) DE MARGARINA ❧ 3 COLHERES (SOPA) DE CHOCOLATE EM PÓ ❧ CHOCOLATE OU COCO RALADO PARA DECORAR ❧ **RECHEIO DE COCO:** 1 LATA DE LEITE CONDENSADO ❧ 100G DE COCO RALADO ❧ 1 XÍCARA (CHÁ) DE AÇÚCAR ❧ ¼ DE XÍCARA (CHÁ) DE ÁGUA

1. Numa panela, coloque o leite condensado, a margarina e o chocolate em pó. Acenda o fogo.

2. Mexa até ficar consistente e desgrudar do fundo da panela, por cerca de 12 minutos. Reserve.

3. Em outra panela, coloque o leite condensado, o coco ralado, o açúcar e a água, e mexa por 15 minutos,

4. até ficar firme.

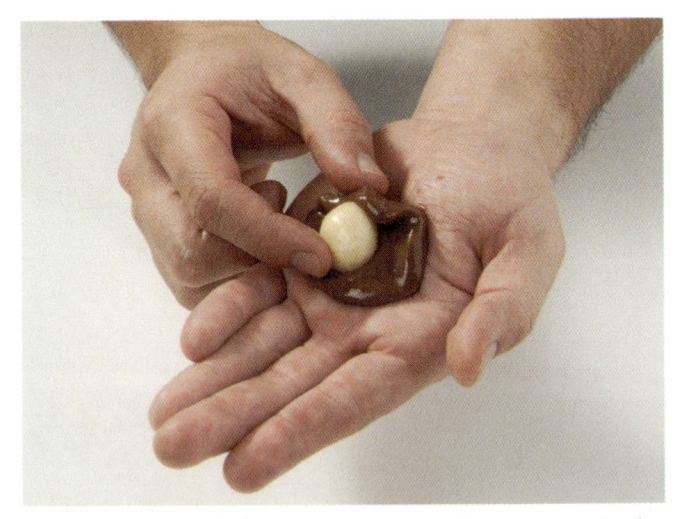

5. Com as mãos untadas com margarina, abra uma porção do brigadeiro escuro e coloque uma porção menor do creme de coco no centro.

6. Feche a bolinha, deixando o creme de coco como recheio. Depois, passe no chocolate ou no coco ralados.

BOLO COZIDO DE CHOCOLATE

Rendimento: 12 porções

200G DE FARINHA DE TRIGO ❦ 4 COLHERES (SOPA) DE CACAU EM PÓ ❦ 2 COLHERES (SOPA) DE FERMENTO EM PÓ ❦ ½ COLHER (SOBREMESA) DE SAL ❦ 100G DE AÇÚCAR ❦ 150ML DE LEITE EM TEMPERATURA AMBIENTE ❦ 6 COLHERES (SOPA) (60ML) DE ÓLEO ❦ 1 COLHER (SOPA) DE ESSÊNCIA DE BAUNILHA ❦ **COBERTURA:** 1 COPO (TIPO AMERICANO) DE AÇÚCAR MASCAVO BEM APERTADO NO COPO ❦ 1 COPO (TIPO AMERICANO) DE AÇÚCAR REFINADO ❦ ½ COPO (TIPO AMERICANO) DE CACAU EM PÓ ❦ 3 COPOS (TIPO AMERICANO) DE ÁGUA FERVENTE

1. Numa tigela, coloque a farinha de trigo, o cacau em pó, o fermento em pó, o sal e o açúcar. Misture bem com uma colher de pau.

2. Adicione o leite, o óleo e a essência de baunilha, e mexa até incorporar. Reserve.

3. Em outra tigela, misture o açúcar mascavo, o refinado e o cacau em pó. Reserve.

4. Numa assadeira retangular, de 30cm x 24cm, untada com manteiga, despeje a massa e, delicadamente, espalhe sobre ela a mistura seca de açúcar com cacau.

5. Despeje a água fervente, bem devagar e com cuidado, por toda a extensão da massa.

6. Tome muito cuidado para não fazer buracos na superfície. A camada de água deve ficar sobre a massa.

7. Leve ao forno preaquecido a 180ºC, por cerca de 45 minutos, ou até a massa se soltar das bordas da assadeira. Deixe esfriar por 30 minutos. Sirva em seguida.

DICA: Esse bolo fica perfeito por vários dias se guardado na geladeira coberto com um filme plástico. É só esquentar um pouco no forno antes de servir de novo. Sirva com uma bola de sorvete.

BOLO DE GELADEIRA

Rendimento: 8 porções

150G DE CHOCOLATE AO LEITE PICADO ❧ 150G DE CHOCOLATE MEIO AMARGO PICADO ❧ 100G DE MANTEIGA SEM SAL ❧ 50G DE GLUCOSE DE MILHO ❧ 250G DE BISCOITO DE MAISENA QUEBRADO EM PEDAÇOS PEQUENOS ❧ 60G DE AMÊNDOAS PICADAS ❧ 60G DE CEREJAS PICADAS ❧ CHANTILI E CEREJAS PARA DECORAR

1. Numa panela, coloque o chocolate ao leite, o meio amargo e a manteiga. Derreta em banho-maria, mexendo de vez em quando, por cerca de 5 minutos.

2. Assim que os chocolates estiverem derretidos, acrescente a glucose de milho e misture até incorporar bem.

3. Retire do fogo e adicione o biscoito, as amêndoas e as cerejas. Misture tudo com uma colher.

4. Coloque essa massa dentro de uma fôrma retangular de fundo arredondado, com 25cm de comprimento, forrada com saco plástico, para facilitar na hora de desenformar. Leve à geladeira por cerca de 15 minutos. Desenforme e enfeite com chantili e cereja. Sirva em seguida. O que sobrar guarde na geladeira.

BARRINHA AMANTEIGADA DE CHOCOLATE

Rendimento: 10 barrinhas

CALDA DE CARAMELO: ¾ XÍCARA (CHÁ) (150G) DE AÇÚCAR REFINADO ❧ 1 XÍCARA (CHÁ) (100G) DE AÇÚCAR MASCAVO ❧ 1 TABLETE (200G) DE MANTEIGA SEM SAL CORTADA EM PEDAÇOS ❧ 1 COLHER (SOPA) BEM CHEIA DE GLUCOSE CLARA ❧ ½ XÍCARA (CHÁ) (75ML) DE ÁGUA ❧ **MASSA:** 3 XÍCARAS (CHÁ) BEM CHEIAS (250G) DE AVEIA EM FLOCOS ❧ 1 XÍCARA (CHÁ) (100G) DE FARINHA DE TRIGO PENEIRADA ❧ 150G DE CEREJA CORTADA EM 4 PARTES (OU OUTRA FRUTA SECA DE SUA PREFERÊNCIA) ❧ **COBERTURA:** 300G DE CHOCOLATE BRANCO DERRETIDO

1. Numa panela fora do fogo, coloque o açúcar refinado e o mascavo, a manteiga, a glucose e a água. Misture bem.

2. Leve ao fogo médio, sem mexer, por cerca de 10 minutos, até obter uma calda em ponto de fio ralo. Reserve.

3. Numa tigela, coloque a aveia, a farinha de trigo, a cereja e a calda de caramelo feita no passo anterior, e misture bem.

4. Transfira a massa para uma assadeira retangular, de 33cm x 20cm, forrada com papel-alumínio, e aperte-a bem contra o fundo. Leve ao forno médio preaquecido a 170ºC, por 25 a 30 minutos. Retire do forno e deixe esfriar.

5. Depois de fria, corte a massa em barrinhas de 8cm x 3cm.

6. Mergulhe cada barrinha no chocolate branco derretido e deixe escorrer sobre papel-manteiga. Sirva quando o chocolate estiver firme.

BRIGADEIRO COM MARACUJÁ

Rendimento: 10 porções

1 PACOTE (12G) DE GELATINA SABOR MARACUJÁ ❧ 1 LATA DE LEITE CONDENSADO ❧ 1 COLHER (SOPA) DE MARGARINA ❧ 3 COLHERES (SOPA) DE CHOCOLATE EM PÓ ❧ ½ XÍCARA (CHÁ) DE LEITE ❧ 1 LATA DE CREME DE LEITE SEM SORO ❧ RASPAS DE CHOCOLATE PARA DECORAR

1. Dissolva e hidrate a gelatina de maracujá de acordo com as instruções da embalagem.

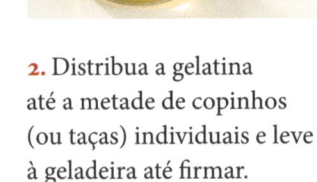

2. Distribua a gelatina até a metade de copinhos (ou taças) individuais e leve à geladeira até firmar.

3. Numa panela, misture o leite condensado, a margarina, o chocolate em pó e o leite.

4. Leve ao fogo brando, mexendo sempre, até começar a engrossar.

5. Apague o fogo e acrescente o creme de leite sem o soro. Misture e deixe esfriar.

6. Complete os copinhos com a mistura de chocolate e leve para gelar por 1 hora. Na hora de servir, decore com raspas de chocolate.

DICA: Você pode usar outros sabores de gelatina.

TRUFA DE PAÇOCA COM CHOCOLATE

Rendimento: 35 bombons médios

600G DE PAÇOCA INDUSTRIALIZADA ESFARELADA ❧ 300G DE LEITE CONDENSADO ❧ COBERTURA: 300G DE CHOCOLATE MEIO AMARGO DERRETIDO ❧ 6 COLHERES (SOPA) RASAS DE CACAU EM PÓ

1. Numa tigela, misture a paçoca e o leite condensado, até formar uma massa firme.

2. Enrole a massa nas mãos, em porções de cerca de 30g (1 colher de sobremesa cheia). Umedeça as mãos com água para facilitar na hora de enrolar.

3. Para fazer bombons menores, de 10g, utilize como medida 1 colher de café. Modele os bombons e reserve.

4. Banhe os bombons no chocolate meio amargo.

5. Imediatamente, passe os bombons no cacau em pó. Disponha-os numa fôrma forrada com papel-manteiga e deixe descansar por alguns minutos. Sirva em seguida.

BRIGADEIRO DE MANDIOCA

Rendimento: 10 brigadeiros de 50g cada

1 ½ xícara (chá) de mandioca bem cozida e escorrida ❧ 2 colheres (sopa) de margarina ❧ 10 colheres (sopa) de açúcar ❧ 1 xícara (chá) de leite em pó ❧ 3 colheres (sopa) de chocolate em pó ❧ cerca de 200g de chocolate granulado para decorar

1. Numa tigela, passe a mandioca pelo amassador de batatas.

2. Numa panela em fogo médio, derreta a margarina e acrescente a mandioca amassada, o açúcar, o leite e o chocolate em pó.

3. Deixe cozinhar em fogo médio, por cerca de 10 minutos, até desprender do fundo da panela.

4. Unte um prato com margarina, despeje a massa e deixe esfriar.

5. Para enrolar os brigadeiros, unte as mãos com margarina. Use como medida da massa 1 colher (chá) também untada com margarina. Depois de enrolados, passe no chocolate granulado, coloque em forminhas coloridas e sirva em seguida.

TORTA DE CHOCOLATE COLORIDA

Rendimento: 8 fatias

1½ xícara (chá) de leite de coco ❦ 1 xícara (chá) de leite ❦ ½ xícara (chá) de açúcar ❦ 3 anises-estrelados ❦ 1 pau de canela ❦ ¾ de xícara (chá) (180ml) de leite condensado ❦ 250g de farinha de tapioca ❦ 200g de chocolate ao leite derretido ❦ 1 caixa de creme de leite ❦ 2 claras em neve ❦ 1 pacote de gelatina em pó sem sabor (hidratada e dissolvida conforme as instruções da embalagem) ❦ 200g de geleia de morango

1. Numa panela, coloque o leite de coco, o leite, o açúcar, os anises, a canela e o leite condensado, e leve ao fogo até esquentar.

2. Transfira essa mistura para uma tigela. Adicione a farinha de tapioca, misture bem e deixe descansar por cerca de 15 minutos. Reserve.

3. Em outra tigela, misture bem o chocolate derretido e o creme de leite.

4. Acrescente as claras em neve e mexa delicadamente.

5. Junte a gelatina, misture bem e reserve.

6. Numa fôrma redonda de fundo removível, com 23cm de diâmetro, untada com manteiga, coloque a massa de tapioca. Depois, junte o creme de chocolate e cubra com a geleia de morango. Leve à geladeira até ficar consistente, por cerca de 2 horas.

BROWNIE DE CANECA

Rendimento: 3 unidades

4 OVOS ❦ 2 XÍCARAS DE (CHÁ) DE AÇÚCAR ❦ 1 XÍCARA DE (CHÁ) DE MANTEIGA SEM SAL DERRETIDA ❦ 1 XÍCARA DE (CHÁ) DE CHOCOLATE EM PÓ PENEIRADO ❦ ½ COLHER DE (CAFÉ) DE SAL ❦ 1 XÍCARA DE (CHÁ) DE FARINHA DE TRIGO

1. Na batedeira, coloque os ovos e o açúcar, e bata até ficar cremoso, por cerca de 8 minutos.

2. Sem parar de bater, adicione a manteiga e bata por 1 minuto.

3. Desligue a batedeira e acrescente o chocolate. Depois, bata por 1 minuto.

4. Com a batedeira ligada, acrescente, aos poucos, o sal e a farinha de trigo. Bata até obter uma mistura homogênea.

5. Despeje a mistura em canecas que possam ir ao forno, já untadas e enfarinhadas, e leve ao forno preaquecido a 180ºC, por 30 minutos.

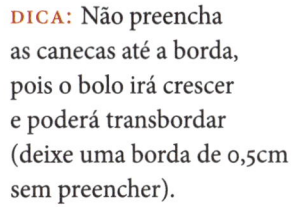

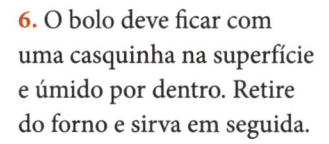

DICA: Não preencha as canecas até a borda, pois o bolo irá crescer e poderá transbordar (deixe uma borda de 0,5cm sem preencher).

6. O bolo deve ficar com uma casquinha na superfície e úmido por dentro. Retire do forno e sirva em seguida.

TORTA DE CHOCOLATE E LIMÃO

Rendimento: 1 unidade grande

MASSA: 200G DE BISCOITO TIPO MAISENA TRITURADO NO LIQUIDIFICADOR ❧ 120G DE MANTEIGA SEM SAL EM TEMPERATURA AMBIENTE ❧ 1 COLHER (CHÁ) DE RASPAS DE LIMÃO ❧ **GANACHE DE LIMÃO:** 200G DE CHOCOLATE BRANCO DERRETIDO ❧ ¼ DE XÍCARA (CHÁ) (OU 7 COLHERES DE SOPA) DE SUCO DE LIMÃO COADO ❧ ½ LATA (OU 5 COLHERES DE SOPA) DE CREME DE LEITE SEM SORO ❧ RASPAS DE LIMÃO A GOSTO ❧ **MUSSE DE LIMÃO:** 1 LATA DE LEITE CONDENSADO ❧ ½ LATA (OU 5 COLHERES DE SOPA) DE CREME DE LEITE COM SORO ❧ ½ XÍCARA (CHÁ) (14 COLHERES DE SOPA) DE SUCO DE LIMÃO COADO ❧ 1 COLHER (SOPA) RASA DE GELATINA EM PÓ SEM SABOR E INCOLOR HIDRATADA E DISSOLVIDA EM 3 COLHERES (SOPA) DE ÁGUA FRIA ❧ 2 CLARAS BATIDAS EM NEVE ❧ RASPAS DE LIMÃO A GOSTO ❧ LÂMINAS FINAS DE LIMÃO VERDE E DE LIMÃO-SICILIANO PARA DECORAR

1. Numa tigela, coloque os biscoitos triturados, a manteiga e as raspas de limão, e amasse com as mãos até obter uma farofa úmida.

2. Espalhe essa farofa numa assadeira redonda de fundo removível, apertando com as mãos contra o fundo.

3. Leve ao forno preaquecido a 180ºC, por 12 minutos. Retire do forno e deixe esfriar.

4. Misture bem o chocolate derretido, o suco e as raspas de limão. Incorpore o creme de leite e mexa novamente.

5. Despeje a ganache sobre a massa assada e fria, e leve à geladeira por cerca de 30 minutos.

6. Numa tigela, coloque o leite condensado e o creme de leite, misturando bem. Adicione o suco e as raspas de limão e a gelatina, e misture novamente.

7. Por último, incorpore delicadamente as claras em neve.

8. Retire a massa com a ganache da geladeira e despeje a musse por cima. Leve à geladeira mais uma vez, por 6 horas.

9. Desenforme e decore com as lâminas de limão verde e siciliano.

TORTA DE CHOCOLATE COM CAFÉ

Rendimento: 1 unidade média

2 pacotes (400g) de biscoito amanteigado de chocolate triturado ❧ 1 xícara (chá) de manteiga sem sal picada ❧ 1 xícara (chá) de chocolate em pó ❧ 6 ovos (com as claras separadas e batidas em neve e as gemas peneiradas) ❧ ½ xícara (chá) de açúcar refinado ❧ 4 colheres (café) de café solúvel (sem diluir) ❧ 2 colheres (sopa) de gelatina em pó sem sabor e incolor ❧ ½ xícara (chá) de licor de café ❧ 1 colher (chá) de essência de baunilha ❧ 2 xícaras (chá) de leite ❧ ½ xícara (chá) de açúcar ❧ grãos de café para decorar

1. Numa tigela, coloque os biscoitos triturados, a manteiga e o chocolate em pó.

2. Misture até formar uma farofa úmida.

3. Com essa massa, forre uma fôrma redonda, com 23cm de diâmetro, de fundo removível. É preciso compactar bem a massa no fundo e nas laterais da fôrma. Leve ao forno preaquecido a 180ºC, por 10 minutos. Retire do forno e deixe esfriar.

4. Numa panela fora do fogo, coloque as gemas peneiradas, o açúcar, o café solúvel, a gelatina, o licor de café, a essência de baunilha e o leite. Mexa bem para incorporar todos os ingredientes e depois acenda o fogo.

5. Quando começar a ferver, apague o fogo.

6. Transfira para uma tigela e deixe esfriar dentro de uma bacia com pedras de gelo. Reserve.

7. Com o creme ainda sobre as pedras de gelo, acrescente as claras em neve e mexa até formar um creme bem liso. Despeje sobre a massa já assada e leve à geladeira por cerca de 4 horas. Desenforme e decore com grãos de café.

OVO DE PÁSCOA TRUFADO

Rendimento: 1 ovo inteiro de 1kg

RECHEIO TRUFADO: ½ XÍCARA (CHÁ) DE CONHAQUE PARA PERFUMAR ❧ 100ML DE CREME DE LEITE ❧ 1 COLHER (SOBREMESA) DE MANTEIGA SEM SAL ❧ 1 COLHER (SOBREMESA) DE ESSÊNCIA DE AMÊNDOA PARA CHOCOLATE ❧ 3 CRAVOS ❧ 500G DE CHOCOLATE AO LEITE DERRETIDO ❧ 1 COLHER (SOPA) DE GLUCOSE DE MILHO (XAROPE) ❧ ½ XÍCARA (CHÁ) DE CACAU EM PÓ ❧ **OVO:** 500G DE CHOCOLATE MEIO AMARGO PICADO E DERRETIDO

1. Para o recheio, aqueça, numa panela, o conhaque, o creme de leite, a manteiga, a essência de amêndoa e o cravo.

2. Quando estiver quente, misture com o chocolate ao leite numa tigela.

3. Depois acrescente a glucose e o cacau em pó. Misture tudo e leve à geladeira por 1 hora. Reserve.

4. Despeje o chocolate meio amargo numa bancada limpa e seca, e faça a temperagem (veja como fazer isso na pág. 169).

5. Numa fôrma própria para ovo de páscoa, coloque uma porção de chocolate derretido e temperado.

6. Vire a fôrma, para preencher todo o espaço com chocolate.

7. Elimine o excesso e, com uma espátula, raspe o chocolate que ficou fora da fôrma.

8. Coloque a fôrma sobre uma superfície lisa, limpa e seca, ou sobre uma folha de papel-manteiga, com a parte aberta virada para baixo, e leve à geladeira por 2 minutos. Mexa sempre o restante do chocolate que ficou na vasilha, para não cristalizar.

9. Retire a fôrma da geladeira e passe a segunda camada de chocolate. Repita o processo da primeira camada mais duas vezes, para formar uma parede firme do ovo.

10. Coloque o recheio trufado na casca do ovo de chocolate.

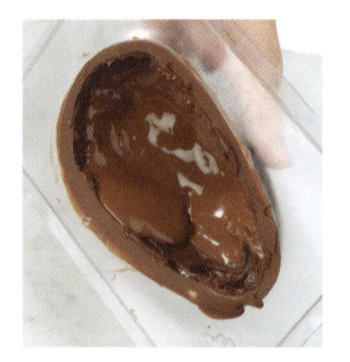

11. Cubra com mais chocolate derretido e temperado. Leve à geladeira novamente, por 2 minutos.

12. Desenforme quando a fôrma estiver opaca e o ovo, descolando. Acerte as rebarbas com uma faca afiada e embrulhe com papel-celofane.

BOMBOM DOS ALPES

Rendimento: 50 bombons para forminha nº 5

1KG DE CHOCOLATE AO LEITE ❧ 150G DE CHOCOLATE MEIO AMARGO ❧ ½ COLHER (CHÁ) DE EMULSIFICANTE ❧ 1 COLHER (CHÁ) DE ESSÊNCIA DE AMÊNDOAS OU DE NOZES

1. Derreta o chocolate ao leite e o meio amargo juntos em banho-maria, ou coloque no micro-ondas por 2 minutos, em potência média.

3. Depois, acrescente a essência de amêndoa, e mexa novamente. Retire do banho-maria e tempere o chocolate (veja como fazer isso nas páginas 169-171).

2. Adicione o emulsificante e misture bem, para que se dissolva no chocolate.

4. Despeje o chocolate derretido numa fôrma própria para bombons, limpa e seca, preenchendo bem todos os buracos. Não se importe em despejar bastante chocolate, pois isso fará seus bombons ficarem mais regulares.

5. Com uma espátula, retire as sobras de chocolate e espalhe onde tiver lacunas. Bata a fôrma várias vezes numa superfície firme, para que as bolhas de ar saiam e os bombons fiquem sem furinhos.

6. Com a espátula, raspe novamente o chocolate que estiver fora das forminhas e leve à geladeira por 10 minutos. Desenforme e coloque em forminhas de alumínio nº 5.

ANEL DE CHOCOLATE

Rendimento: 6 anéis pequenos

100G DE MANTEIGA ❧ 500ML DE ÁGUA ❧ 250G DE FARINHA DE TRIGO ❧ 5 OVOS ❧ 1 PITADA DE SAL ❧ **RECHEIO:** 1 LATA DE LEITE CONDENSADO ❧ 1 LATA (MEDIDA DA LATA DE LEITE CONDENSADO) DE LEITE ❧ 4 GEMAS ❧ ½ LATA DE CREME DE LEITE ❧ 2 COLHERES (SOPA) DE FARINHA DE TRIGO ❧ 2 COLHERES (SOPA) DE MANTEIGA ❧ ½ XÍCARA (CHÁ) DE CHOCOLATE EM PÓ

1. Derreta a manteiga com a água em fogo médio.

2. Adicione a farinha de trigo, mexendo bem, até formar uma massa lisa. Deixe cozinhar até soltar da panela.

3. Coloque os ovos, um a um, mexendo por 8 minutos.

4. A massa deve ficar macia, uniforme e soltando da panela. Apague o fogo e coloque a massa num saco plástico ou de confeitar sem bico.

5. Numa fôrma redonda, com 12cm de diâmetro, de cabeça para baixo e untada com manteiga, aperte o saco com a massa, formando um grande anel sobre a borda da assadeira (ele deve ter uns 3cm de diâmetro). Leve ao forno preaquecido a 180°C, por 10 minutos.

6. À parte, bata, num liquidificador, o leite condensado, o leite, as gemas, o creme de leite, a farinha de trigo, a manteiga e o chocolate por 1 minuto. Coloque esse recheio em um saco plástico e reserve.

7. Retire o anel de massa do forno.

8. Introduza o bico do saco num buraquinho da massa (que é oca) e aperte, preenchendo todo o anel com o recheio. Você talvez precisará fazer um buraquinho para rechear melhor. Decore com um pouco do recheio sobre o anel e sirva em seguida.

BEIJO DA MULATA

Rendimento: 20 beijos

3 OVOS ❧ 7 COLHERES (SOPA) DE AÇÚCAR ❧ 1 COLHER (SOPA) DE MANTEIGA OU MARGARINA ❧ 50ML DE CACHAÇA ❧ 300G DE FARINHA DE TRIGO OU ATÉ DAR PONTO PARA ENROLAR ❧ 1 COLHER (SOBREMESA) DE ESSÊNCIA DE BAUNILHA ❧ 1 COLHER (SOPA) DE FERMENTO EM PÓ ❧ **CALDA:** 2 XÍCARAS (CHÁ) DE CHOCOLATE EM PÓ PENEIRADO ❧ 2 XÍCARAS (CHÁ) DE AÇÚCAR ❧ 1 XÍCARA (CHÁ) DE LEITE ❧ 200G DE COCO RALADO

1. Numa tigela, bata os ovos, o açúcar, a manteiga e a cachaça.

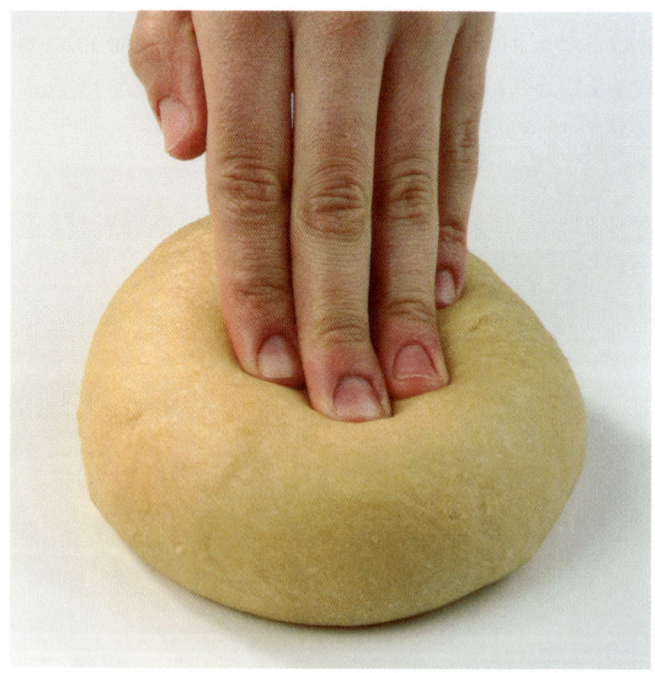

2. Acrescente a farinha de trigo, a essência de baunilha e o fermento. Misture com as mãos.

3. A massa deve ficar maleável, macia e uniforme. Faça bolinhas com 2cm de diâmetro com as mãos.

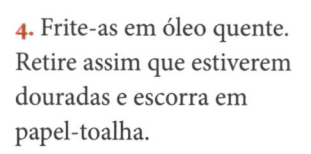

4. Frite-as em óleo quente. Retire assim que estiverem douradas e escorra em papel-toalha.

5. Numa panela, coloque o chocolate, o açúcar e o leite, e leve ao fogo até levantar fervura. Retire a panela do fogo e banhe as bolinhas nessa calda rapidamente.

6. Depois, passe as bolinhas no coco ralado. Coloque cada uma delas em forminhas de brigadeiro coloridas e sirva em seguida.

BISCOITINHO DE CHOCOLATE

Rendimento: 16 biscoitos

½ XÍCARA (CHÁ) DE MANTEIGA COM SAL ❧ ½ XÍCARA (CHÁ) DE AÇÚCAR ❧ 1 OVO ❧ ¼ XÍCARA (CAFÉ) DE LEITE ❧ 80G DE CHOCOLATE MEIO AMARGO DERRETIDO ❧ 2½ XÍCARAS (CHÁ) DE FARINHA DE TRIGO PENEIRADA ❧ 2 COLHERES (SOPA) DE FERMENTO EM PÓ

1. Bata a manteiga e o açúcar na batedeira até ficar bem fofo, por cerda de 8 minutos.

2. Junte o ovo e bata por mais 1 minuto.

3. Acrescente o leite e o chocolate derretido, misturando bem.

4. Adicione, aos poucos, a farinha e o fermento. Transfira para uma tigela e leve à geladeira por 1 hora para ficar firme.

5. Numa superfície lisa, abra a massa com um rolo até ficar com uma espessura de 0,5cm.

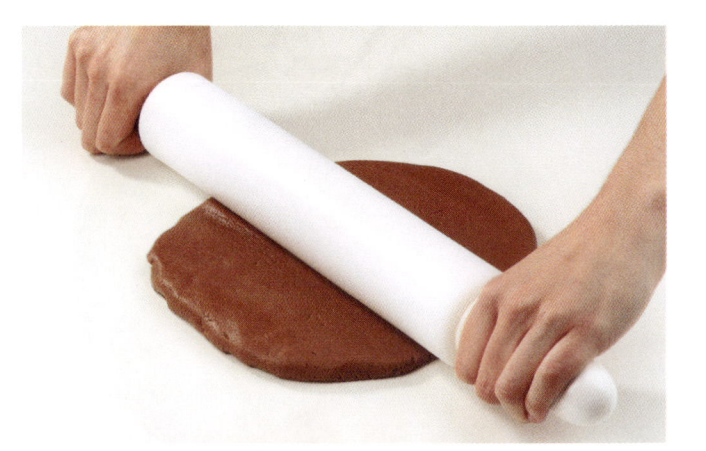

6. Usando cortadores redondos ou a boca de um copo, faça discos nessa massa. Junte as rebarbas e abra novamente a massa, fazendo mais discos.

7. Coloque os biscoitinhos numa assadeira, distantes 1cm uns dos outros, e leve ao forno preaquecido a 180ºC, por 10 minutos. Deixe esfriar e sirva. Se desejar, guarde-os em potes com tampa, depois de totalmente frios.

BOLO CHOCOCO
Rendimento: 12 porções

MASSA: 7 OVOS ❧ 2 COLHERES (SOPA) DE MARGARINA ❧ 7 COLHERES (SOPA) DE AÇÚCAR ❧ 7 COLHERES (SOPA) DE CHOCOLATE EM PÓ, MAIS UM POUCO PARA POLVILHAR ❧ 1 COLHER (SOPA) DE FERMENTO EM PÓ ❧ 100G DE COCO RALADO ❧ 7 COLHERES (SOPA) DE ÓLEO ❧ **COBERTURA:** 1 LATA DE LEITE CONDENSADO ❧ 2 COLHERES (SOPA) DE MARGARINA ❧ 5 COLHERES (SOPA) DE CHOCOLATE EM PÓ ❧ ½ LATA DE CREME DE LEITE

1. No liquidificador, bata bem os ovos, a margarina, o açúcar, o chocolate em pó, o fermento, o coco ralado e o óleo, por 2 minutos.

2. Transfira para um refratário quadrado, com 20cm de lado, untado e polvilhado com chocolate em pó.

3. Cubra com papel-filme e leve ao micro-ondas por 7 a 9 minutos, em potência alta. Retire do forno, desenforme e cubra com a cobertura de chocolate.

4. Numa tigela que possa ir ao micro-ondas, misture o leite condensado, a margarina, o chocolate em pó e o creme de leite. Leve ao micro-ondas coberta com papel-filme por 3 a 4 minutos, em potência alta. Dê uma mexida e, em seguida, cubra o bolo.

BOLO DE FÉRIAS

Rendimento: 12 porções

300G DE CHOCOLATE EM PÓ ❧ 200ML DE LEITE DE COCO ❧ 4 OVOS (COM AS GEMAS SEPARADAS E AS CLARAS BATIDAS EM NEVE) ❧ 150G DE AÇÚCAR ❧ 200G DE MANTEIGA OU MARGARINA ❧ 100G DE COCO RALADO, MAIS UM POUCO PARA POLVILHAR ❧ 2 COLHERES (SOPA) DE CONHAQUE ❧ 400G DE BISCOITO CHAMPANHE PICADO GROSSEIRAMENTE

1. Numa panela em fogo médio, coloque o chocolate em pó, o leite de coco, as gemas e o açúcar.

2. Acrescente a margarina e deixe derreter por 10 minutos, mexendo sempre.

3. Retire a panela do fogo, transfira a mistura para uma tigela e junte o coco ralado e o conhaque. Mexa bem até esfriar.

4. Junte as claras em neve. A textura ficará mais mole e a cor, mais clara.

5. Incorpore os biscoitos.

6. Unte uma fôrma refratária retangular (que será utilizada para servir o bolo) e despeje a mistura nela. Leve ao forno preaquecido a 200°C, por 20 minutos. Antes de servir, polvilhe um pouco de coco ralado.

DOCINHO DE CHOCOLATE DE CORTE

Rendimento: 15 docinhos de 3cm x 5cm

½ XÍCARA (CHÁ) DE AÇÚCAR ❧ ½ XÍCARA (CHÁ) DE CASTANHAS-DE-CAJU MOÍDAS ❧ 1 LATA DE LEITE CONDENSADO ❧ 100G DE CHOCOLATE AO LEITE PICADO ❧ 200G DE FLOCOS DE ARROZ ❧ 300G DE CHOCOLATE COBERTURA AO LEITE PARA BANHAR

1. Coloque, numa panela em fogo médio, o açúcar e deixe caramelizar de leve, por 3 minutos. Junte as castanhas-de-caju e misture bem.

2. Acrescente o leite condensado e mexa por uns 8 minutos.

3. A mistura deve soltar do fundo da panela.

4. Misture rapidamente o chocolate picado

5. até ficar homogêneo e apague o fogo.

6. Coloque o doce numa fôrma retangular, de 20cm x 15cm, alise a superfície com as costas de uma colher e salpique flocos de arroz. Deixe esfriar, coloque na geladeira por 20 minutos e corte no tamanho que desejar. Sirva em seguida.

BOLO DE CHOCOLATE EMBRULHADO

Rendimento: 12 porções

6 OVOS (GEMAS SEPARADAS E CLARAS BATIDAS EM NEVE) ❧ 2 XÍCARAS (CHÁ) DE AÇÚCAR ❧ ½ XÍCARA (CHÁ) DE ÓLEO ❧ 1 XÍCARA (CHÁ) DE CHOCOLATE EM PÓ ❧ 1 COLHER (SOPA) DE FERMENTO EM PÓ ❧ 2 XÍCARAS (CHÁ) DE FARINHA DE TRIGO ❧ 1 XÍCARA (CHÁ) DE AMIDO DE MILHO ❧ ¾ XÍCARA (CHÁ) DE ÁGUA QUENTE

1. Numa batedeira, coloque as gemas e o açúcar, e bata bem até espumar. Com a batedeira ligada, acrescente o óleo e bata por mais 1 minuto.

2. Desligue a batedeira e peneire o chocolate em pó misturado com o fermento, a farinha de trigo e o amido de milho,

3. alternando com a água quente, misturando sem parar.

4. Depois que tiver juntado a água e os ingredientes secos, adicione as claras em neve delicadamente.

5. Transfira a massa para uma assadeira retangular, forrada com papel-alumínio untado. Cubra com mais papel-alumínio.

6. Leve para assar em forno preaquecido a 180ºC, por 25 minutos. Na hora de servir, retire o papel-alumínio.

BRIGADEIRO BRANCO

Rendimento: 12 brigadeiros de 50g

200G DE CHOCOLATE BRANCO ❧ 1 LATA DE LEITE CONDENSADO ❧ 4 OVOS ❧ 1 COLHER (SOPA) DE MANTEIGA ❧ 1 LATA DE CREME DE LEITE SEM SORO ❧ CANELA EM PÓ E RASPAS DE CHOCOLATE BRANCO PARA DECORAR

1. Numa tigela própria para uso no micro-ondas, derreta o chocolate branco por 2 a 3 minutos, em potência média. A cada 30 segundos, retire a tigela e mexa o chocolate para que derreta uniformemente e sem queimar.

2. Transfira o chocolate derretido para um liquidificador e bata com o leite condensado, os ovos, a manteiga e o creme de leite, por 1 minuto.

3. Despeje esse creme numa fôrma quadrada, de 20cm de lado e própria para micro-ondas, untada com manteiga.

4. Leve ao micro-ondas por 7 a 8 minutos, em potência alta.

5. Retire a fôrma do micro-ondas e, com as mãos untadas, pegue pequenas porções, enrole nas mãos como brigadeiros e coloque em colheres de plástico.

6. Polvilhe canela e raspas de chocolate branco, e sirva em seguida.

PAVÊ BICOLOR

Rendimento: 12 porções

CREME BÁSICO: 8 GEMAS PENEIRADAS ❧ 1 XÍCARA (CHÁ) DE MANTEIGA EM TEMPERATURA AMBIENTE ❧ ½ XÍCARA (CHÁ) DE AÇÚCAR ❧ 1 XÍCARA (CHÁ) DE AMIDO DE MILHO ❧ 6½ XÍCARAS (CHÁ) DE LEITE ❧ 200G DE CHOCOLATE MEIO AMARGO PICADO ❧ 1 COLHER (SOPA) DE RUM ❧ 4 COLHERES (SOPA) DE LICOR DE CACAU ❧ 3½ PACOTES DE BISCOITO MAISENA ❧ **COBERTURA:** 200G DE CHOCOLATE MEIO AMARGO PICADO ❧ 1½ LATA DE CREME DE LEITE

1. Numa panela em fogo médio, coloque as gemas, a manteiga, o açúcar e o amido de milho dissolvido em 5 xícaras (chá) de leite. Mexa até engrossar, por 8 minutos. Retire do fogo e divida o creme amarelo em duas tigelas.

2. Numa delas, adicione o chocolate, o rum e 1 colher (sopa) de licor de cacau.

3. Em outra travessa, junte o leite que restou com o restante do licor de cacau, e umedeça os biscoitos rapidamente na mistura.

4. Numa travessa (que será usada para servir o pavê), coloque um pouco do creme amarelo, depois faça 2 camadas com os biscoitos umedecidos. Por cima deles, coloque o creme de chocolate.

5. Faça mais 2 camadas de biscoitos e coloque o creme amarelo.

6. Finalize com 2 camadas de biscoitos e espalhe a cobertura. Envolva a travessa em filme plástico e leve para gelar por 8 horas.

7. Para fazer a cobertura, misture o chocolate meio amargo e o creme de leite, até ficar homogêneo, e cubra o pavê.

SORVETE DE CHOCOLATE

Rendimento: 3 litros

1 XÍCARA (CHÁ) DE ÁGUA ❧ 2 XÍCARAS (CHÁ) DE AÇÚCAR ❧ 200G DE CHOCOLATE EM PÓ ❧ 2 LITROS DE SORVETE DE CREME ❧ 100ML DE LEITE ❧ 500ML DE CHANTILI ❧ 1 BARRINHA (80G) DE CHOCOLATE (OPCIONAL) ❧ 1 CAIXA DE CREME DE LEITE ❧ 1 LATA DE LEITE CONDENSADO

1. Numa panela, misture a água e o açúcar, e leve ao fogo baixo.

2. Espere 1 minuto, coloque o chocolate em pó e misture até formar uma calda grossa.

3. Em seguida, misture numa tigela o sorvete de creme, o leite e a calda feita no passo anterior.

4. Adicione o chantili e mexa bem.

5. Junte a barrinha de chocolate (se desejar), o creme de leite e o leite condensado, e misture novamente.

6. Transfira para dois potes de sorvete de 2 litros e leve ao congelador por 4 horas.

BALA DE CHOCOLATE

Rendimento: 50 balas de 20g

1 LATA (400G) DE LEITE EM PÓ ❧ 1 LATA (400G) DE CHOCOLATE EM PÓ ❧ 1 LATA DE LEITE CONDENSADO (MAIS ½ LATA SE NECESSÁRIO)

1. Coloque, numa tigela grande, o leite e o chocolate em pó.

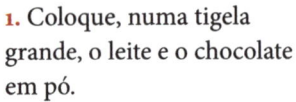

2. Acrescente o leite condensado (somente a primeira lata) e misture.

3. Quando ficar difícil mexer com uma colher, amasse com as mãos, até formar uma massa lisa e homogênea. Se ficar grudando, coloque mais leite condensado até atingir o ponto necessário. Faça uma bolona e deixe-a descansar por 40 minutos.

4. Após esse tempo, separe em porções pequenas e enrole-as como se fosse nhoque. Corte em pedaços com a ponta da faca.

5. O formato deve ficar parecido com o da bala de coco.

6. Acerte as laterais para ficarem do mesmo tamanho.

7. Deixe secar por 30 minutos, coberto com um pano seco e limpo. Em seguida, embrulhe em papel de bala.

GELATINA DE CHOCOLATE

Rendimento: 30 porções (5cm x 6cm)

200ML DE LEITE ❧ ½ LATA DE LEITE CONDENSADO ❧ 1 COLHER (SOBRE-MESA) DE ESSÊNCIA DE BAUNILHA ❧ ½ XÍCARA (CHÁ) DE ACHOCOLATADO EM PÓ ❧ 1 ENVELOPE DE GELATINA INCOLOR HIDRATADA E DISSOLVIDA CONFORME AS INSTRUÇÕES DA EMBALAGEM ❧ 1 LATA DE CREME DE LEITE SEM SORO ❧ CHANTILI E CHOCOLATE MEIO AMARGO PARA DECORAR

1. Numa panela, aqueça o leite, o leite condensado, a essência de baunilha e o achocolatado por 3 minutos (não deixe ferver).

2. Junte a gelatina hidratada.

3. Adicione o creme de leite e mexa bem para desfazer os grumos.

4. Transfira para um recipiente grande e retangular, de 30cm x 25cm, e leve à geladeira por 2 horas.

5. Retire da geladeira e, com cortadores ou a boca de um copo, corte a gelatina e sirva decorada com chantili e chocolate.

PÃO COM BOMBOM DE CHOCOLATE

Rendimento: 14 unidades

2 ENVELOPES (22G) DE FERMENTO BIOLÓGICO SECO INSTANTÂNEO ❧ 4 XÍCARAS (CHÁ) DE FARINHA DE TRIGO PENEIRADA ❧ 1 XÍCARA (CHÁ) DE LEITE MORNO ❧ 3 COLHERES (SOPA) (60G) DE AÇÚCAR ❧ 2 COLHERES (SOPA) (60G) DE MARGARINA ❧ 1 COLHER (CHÁ) DE CANELA EM PÓ ❧ 1 COLHER (CHÁ) DE ERVA-DOCE ❧ 1 COLHER (CHÁ) DE SAL ❧ 2 OVOS ❧ 1 COLHER (CAFÉ) DE ESSÊNCIA DE BAUNILHA ❧ 2 GEMAS PENEIRADAS PARA PINCELAR ❧ AÇÚCAR REFINADO E CRISTAL PARA POLVILHAR ❧ **RECHEIO:** 14 BOMBONS RECHEADOS COM COBERTURA BRANCA OU 14 COLHERES (CHÁ) DE GOTAS DE CHOCOLATE ❧ **GELEIA DE BRILHO:** 250ML DE ÁGUA ❧ 100G DE AÇÚCAR ❧ 50G DE GLUCOSE ❧ 15G DE AMIDO DE MILHO

1. Numa tigela, misture o fermento biológico com 1 xícara (chá) de farinha. Adicione o leite e misture.

2. Cubra com papel-filme. Deixe crescer e formar bolhas por 30 minutos.

3. Para fazer a massa, misture em outra tigela o açúcar, a margarina, a canela, a erva-doce, o sal, os ovos, a essência de baunilha e o restante da farinha.

4. Acrescente a mistura reservada e sove bem.

5. Faça uma bola e deixe descansar coberta com papel-filme ou plástico, por cerca de 40 minutos, até dobrar de volume.

6. Divida a massa em 14 partes iguais e, com as mãos, abra discos do tamanho de um pires para café. Em cada um deles, coloque 1 bombom ou 1 colher (chá) de gotas de chocolate.

7. Feche as laterais de cada disco, envolvendo o bombom ou as gotas. Unte com manteiga uma fôrma para pudim, de 22cm x 8cm de diâmetro, e polvilhe açúcar refinado. Faça duas camadas com as bolinhas recheadas e deixe descansar por 30 minutos, até dobrar de volume.

8. Pincele as gemas peneiradas.

9. Polvilhe açúcar cristal e asse em forno médio, preaquecido a 180ºC, por 45 minutos.

10. À parte, coloque, numa panela, a água, o açúcar e a glucose. Leve ao fogo e deixe ferver por 2 minutos. Depois, junte o amido de milho dissolvido num pouco de água e misture bem até engrossar. Apague o fogo e pincele essa geleia nas bolinhas assadas. Sirva em seguida quentinho.

PANETONE COM GOTAS DE CHOCOLATE

Rendimento: 4 panetones de 500g

MASSA BIGA: 120G DE FARINHA DE TRIGO ❧ 70G (OU 70ML) DE ÁGUA ❧ 3G DE FERMENTO BIOLÓGICO ❧ **ESPONJA:** 300G DE FARINHA DE TRIGO ❧ 60G DE FERMENTO BIOLÓGICO ❧ 300G (OU 300ML) DE ÁGUA ❧ **MASSA:** 600G DE FARINHA DE TRIGO ❧ 30G DE LEITE EM PÓ ❧ 190G DE AÇÚCAR ❧ 100G DE MASSA BIGA (FEITA NO DIA ANTERIOR) ❧ 10 GEMAS ❧ A ESPONJA PREPARADA ❧ 15G DE ESSÊNCIA DE PANETONE (OU RASPA DE 1 LARANJA E DE 1 LIMÃO) ❧ 10G DE SAL ❧ 100G DE MANTEIGA ❧ **RECHEIO:** 400G DE FRUTAS CRISTALIZADAS ❧ 600G DE GOTAS DE CHOCOLATE AO LEITE (OU 400G DE UVA-PASSA, OU AINDA 450G DE LARANJA DESIDRATADA E PICADA E 350G DE AMÊNDOAS)

1. Para fazer a massa biga, misture numa tigela a farinha, a água e o fermento biológico, e deixe descansar em temperatura ambiente por 24 horas, ou seja, no dia anterior à montagem do panetone.

2. Para preparar a esponja, misture numa tigela a farinha de trigo, o fermento biológico e a água, e deixe a massa descansar por 30 minutos. Reserve.

3. Para fazer a massa, coloque numa tigela a farinha, o leite em pó, o açúcar, a massa biga e as gemas, e misture bem com as mãos. Junte a esponja preparada, a essência de panetone (ou a raspa de laranja e de limão) e o sal.

4. Misture novamente a massa, até formar uma bola seca.

5. Neste momento, transfira a massa para uma superfície lisa (de preferência de mármore) e junte a manteiga.

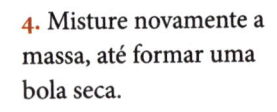

6. Sove a massa até ficar lisa e um pouco pegajosa.

7. Adicione as frutas cristalizadas e as gotas de chocolate, e misture delicadamente para incorporar todo o recheio à massa.

8. Divida em algumas porções de 550g ou 100g e deixe descansar por 30 minutos. Depois pressione e modele a massa com as mãos.

9. Coloque as porções em fôrmas para panetone e leve à geladeira para fermentar de um dia para o outro.

10. Retire da geladeira e espere a massa crescer novamente dentro das fôrmas, por cerca de 1 hora.

11. Leve ao forno preaquecido a 170°C, por cerca de 40 minutos.

PETIT GÂTEAU DE CHOCOLATE E REQUEIJÃO

Rendimento:
Forminhas de 5cm de altura x 7cm de diâmetro: de 9 a 10 unidades
Forminhas de 4cm de altura x 5cm de diâmetro: 14 unidades

250G DE CHOCOLATE MEIO AMARGO RALADO ❧ 10 GEMAS PENEIRADAS ❧ 5 CLARAS ❧ 150G DE AÇÚCAR PENEIRADO ❧ 100G DE FARINHA DE TRIGO PENEIRADA ❧ 250G DE MANTEIGA SEM SAL DERRETIDA ❧ 2 COLHERES (CAFÉ) DE BICARBONATO DE SÓDIO (PARA MANTER O TOM ESCURO DO CHOCOLATE) ❧ 100G DE REQUEIJÃO CREMOSO ❧ **PARA MONTAR E UNTAR:** 50G DE MANTEIGA DERRETIDA PARA UNTAR ❧ CHOCOLATE EM PÓ PARA POLVILHAR

1. Numa panela em banho-maria, derreta o chocolate meio amargo.

2. Numa tigela, misture as gemas, as claras, o açúcar, a farinha e a manteiga, até obter uma massa mole e cremosa.

3. Junte o chocolate derretido e o bicarbonato, e reserve.

4. Unte forminhas de alumínio (de 5cm de altura x 7cm de diâmetro ou de 4cm de altura x 5cm de diâmetro) com manteiga derretida usando um pincel. Polvilhe chocolate em pó e despeje a massa nelas, mas não encha até a borda (deixe 0,5cm abaixo da borda sem massa).

5. Coloque o requeijão cremoso num saco de confeitar e posicione o bico no centro da massa do petit gâteau. Recheie um pouco, mas não deixe a massa chegar à borda da forminha.

6. Leve ao forno preaquecido a 180ºC. Se usar forminhas de 5cm de altura x 7cm de diâmetro, deixe de 10 a 12 minutos. Já para forminhas de 4cm de altura x 5cm de diâmetro, deixe de 7 a 8 minutos.

7. Deixe no forno até que a massa doure e forme uma casquinha na superfície. Desenforme ainda quente e sirva com uma bola de sorvete de creme.

CREMOSO DE CHOCOLATE

Rendimento: 12 porções

3 OVOS (COM AS CLARAS E AS GEMAS SEPARADAS) ❧ 3 COLHERES (SOPA) DE AMIDO DE MILHO ❧ 1 LITRO DE LEITE ❧ 1 LATA DE LEITE CONDENSADO ❧ 6 BOMBONS DE CHOCOLATE BRANCO ❧ 3 COLHERES (SOPA) DE AÇÚCAR ❧ 1 LATA DE CREME DE LEITE SEM SORO GELADO

1. Numa panela em fogo médio, coloque as gemas, o amido de milho e o leite.

2. Acrescente o leite condensado e mexa bem

3. até engrossar, por uns 12 minutos (deve ficar em ponto de mingau).

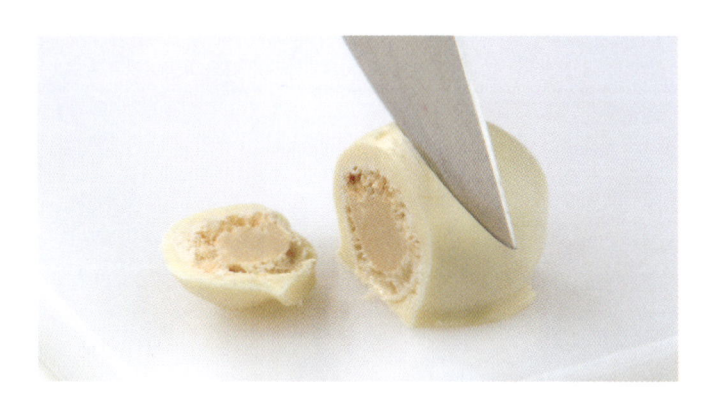

4. Com uma faca, corte os bombons em pedaços pequenos. Reserve.

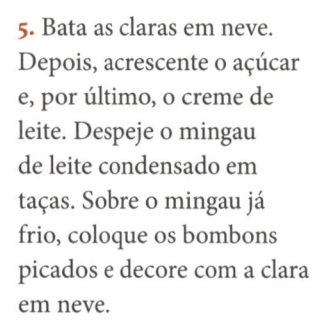

5. Bata as claras em neve. Depois, acrescente o açúcar e, por último, o creme de leite. Despeje o mingau de leite condensado em taças. Sobre o mingau já frio, coloque os bombons picados e decore com a clara em neve.

ESPUMONE DE CHOCOLATE

Rendimento: 6 porções

PRIMEIRA CAMADA: 4 GEMAS ❦ 1 LATA DE LEITE CONDENSADO ❦ 4 COLHERES (SOPA) DE AÇÚCAR REFINADO ❦ 2 COLHERES (SOPA) DE AMIDO DE MILHO ❦ 2 LATAS DE LEITE (MEDIDA DA LATA DE LEITE CONDENSADO) ❦
SEGUNDA CAMADA: 2 LATAS DE LEITE (MEDIDA DA LATA DE LEITE CONDENSADO) ❦ 4 COLHERES (SOPA) DE CHOCOLATE EM PÓ ❦ 4 COLHERES (SOPA) DE AÇÚCAR REFINADO ❦ 2 COLHERES (SOPA) DE AMIDO DE MILHO ❦
TERCEIRA CAMADA: 4 CLARAS BATIDAS EM NEVE ❦ 4 COLHERES (SOPA) DE AÇÚCAR REFINADO ❦ 1 LATA DE CREME DE LEITE SEM SORO

1. Para fazer a primeira camada, bata no liquidificador as gemas, o leite condensado, o açúcar refinado, o amido de milho e o leite até ficar homogêneo.

2. Transfira a mistura para uma panela e leve ao fogo,

3. até engrossar, por 10 minutos.

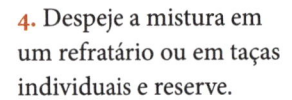

4. Despeje a mistura em um refratário ou em taças individuais e reserve.

5. Para fazer a segunda camada, bata no liquidificador o leite, o chocolate em pó, o açúcar refinado e o amido de milho até ficar homogêneo. Leve ao fogo até engrossar, por 15 minutos. Depois, despeje nas taças em cima da primeira camada. Reserve.

6. Para fazer a terceira camada, bata bem as claras em neve e o açúcar na batedeira. Bata até atingir o ponto de suspiro. Adicione o creme de leite e continue batendo até misturar bem.

7. Coloque por cima da segunda camada e leve à geladeira por 4 horas.

DICA: Decore o espumone com morangos cortados, cookies branco e preto, chocolates branco e preto em pedaços ou bombons com recheio macio cortados.

FONDUE DE CHOCOLATE ESCURO

Rendimento: 4 porções

¼ XÍCARA (CHÁ) DE LEITE CONDENSADO ❧ 2 COLHERES (SOPA) DE MANTEIGA ❧ 1 XÍCARA (CHÁ) DE CREME DE LEITE FRESCO ❧ 150G DE CHOCOLATE MEIO AMARGO PICADO

1. Numa panela pequena, coloque o leite condensado, a manteiga e o creme de leite. Leve ao fogo baixo e deixe até ferver.

2. Acrescente o chocolate e misture bem para derretê-lo.

3. Transfira para uma panela própria para fondue e sirva acompanhado de frutas frescas cortadas em cubos. Sugestões: morango, banana, maçã, abacaxi, kiwi e uva-itália.

TORTINHA DE BANANA E CHOCOLATE

Rendimento: 12 porções

MASSA: 125G DE AÇÚCAR ❧ 1 OVO ❧ 1 GEMA ❧ 3 COLHERES (CAFÉ) DE CANELA EM PÓ ❧ 1 COLHER (CAFÉ) DE SAL ❧ 2 COLHERES (CAFÉ) DE FERMENTO EM PÓ ❧ RASPAS DE 1 LIMÃO ❧ 50G DE COCO RALADO SECO ❧ 250G DE FARINHA DE TRIGO ❧ 80G DE MANTEIGA PICADA ❧ **CREME DE BANANA:** 4 BANANAS-NANICAS DESCASCADAS ❧ 1 COLHER (SOPA) DE SUCO DE LIMÃO ❧ 4 COLHERES (SOPA) DE AÇÚCAR ❧ GENGIBRE, CRAVO E PIMENTA-DA-JAMAICA EM PÓ A GOSTO ❧ **GANACHE:** 150ML DE CREME DE LEITE FRESCO ❧ 250G DE CHOCOLATE MEIO AMARGO PICADO ❧ 1 COLHER (SOPA) RASA DE MANTEIGA

1. Numa tigela, misture o açúcar, o ovo, a gema, a canela, o sal, o fermento, as raspas de limão e o coco ralado. Junte a farinha e mexa de novo.

2. Acrescente a manteiga e amasse rapidamente com as mãos até formar uma massa. Leve essa massa à geladeira por cerca de 2 horas.

3. Pegue pequenas porções da massa e forre o fundo e as laterais de fôrmas de empadinha. Leve ao forno preaquecido a 170ºC, por 25 minutos.

4. Para preparar o creme, corte as bananas em rodelas, adicione o suco de limão e leve ao fogo com o açúcar e as especiarias, mexendo por 15 minutos,

5. até atingir o ponto de um purê. Retire do fogo e deixe esfriar.

6. Para fazer a ganache, coloque o creme de leite numa panela e leve ao fogo até ferver. Despeje sobre o chocolate picado e a manteiga. Mexa vigorosamente até o chocolate e a manteiga derreterem, formando um creme denso e brilhante.

7. Coloque o purê de banana frio dentro da massa assada.

8. Por cima, decore com a ganache de chocolate e sirva em seguida.

PIPOCA COM CHOCOLATE

Rendimento: 4 porções

1 COLHER (SOPA) DE ÓLEO ❦ 100G DE MILHO DE PIPOCA ❦ 1KG DE CHOCOLATE AO LEITE (MEIO AMARGO OU BRANCO) HIDROGENADO PICADO

1. Numa panela em fogo alto, coloque o óleo e o milho de pipoca, tampe e deixe estourar. Mexa de vez em quando, para que o milho não grude no fundo ou queime.

2. Assim que o barulho parar, apague o fogo, abra a tampa e transfira a pipoca para uma tigela. Reserve.

3. Derreta o chocolate em banho-maria. Com um garfo, pegue um grupo de pipocas e banhe, aos poucos, no chocolate derretido.
DICA: Caso o chocolate endureça, volte a panela ao banho-maria para derreter novamente.

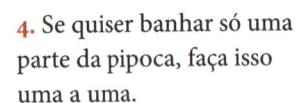

4. Se quiser banhar só uma parte da pipoca, faça isso uma a uma.

5. Retire cada pipoca, com um garfo, e escorra bem para retirar o excesso de chocolate. Espere secar e sirva em seguida.
DICA: O importante é deixar uma camada fina de chocolate em cada pipoca.

CHOCOLATE QUENTE PICANTE

Rendimento: 4 porções

1 LITRO DE LEITE ❦ 1 PIMENTA-DEDO-DE-MOÇA PARA O PREPARO E OUTRA PARA DECORAR ❦ 1 PEDAÇO DE PAU DE CANELA ❦ 2 CRAVOS-DA-ÍNDIA ❦ 115G DE CHOCOLATE AMARGO PICADO ❦ 3 GOTAS DE ESSÊNCIA DE AMÊNDOAS

1. Numa panela, aqueça o leite, a pimenta-dedo-de-moça, a canela e os cravos, até quase chegar ao ponto de fervura.

2. Em fogo médio, adicione o chocolate.

3. Mexa até o chocolate derreter por completo.

4. Retire a pimenta, os cravos e a canela, transfira a mistura para uma tigela e mexa vigorosamente

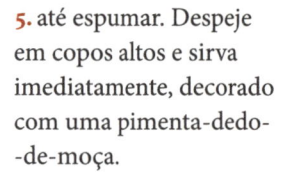

5. até espumar. Despeje em copos altos e sirva imediatamente, decorado com uma pimenta-dedo-de-moça.

FOLHADO DE CHOCOLATE COM FRUTAS FRESCAS

Rendimento: 8 folhados de 10cm x 5cm

250G DE CHOCOLATE MEIO AMARGO ❧ 6 OVOS (GEMAS PENEIRADAS E CLARAS BATIDAS EM NEVE) ❧ 350G DE AÇÚCAR ❧ 40G DE FARINHA DE TRIGO ❧ 250ML DE CREME DE LEITE ❧ 1 CÁLICE DE LICOR DE LARANJA ❧ 100G DE MORANGO ❧ 100G DE FRAMBOESA OU OUTRA FRUTA SILVESTRE ❧ 100G DE ABACAXI ❧ 100G DE BANANAS

1. Derreta o chocolate em banho-maria.

2. À parte, bata bem na batedeira as gemas com 250g de açúcar.

3. Em outra tigela, junte a farinha ao chocolate derretido, mexendo bem. Incorpore delicadamente as claras em neve.

4. Forre uma assadeira, de 40cm x 30cm, com papel-manteiga, despeje a mistura e leve ao forno preaquecido a 200ºC, durante 15 minutos.

5. Bata o creme de leite e o restante do açúcar com um batedor de arame, e junte o licor de laranja.

6. Retire do forno a massa e deixe esfriar. Corte pequenos retângulos com 10cm de comprimento x 5cm de largura.

7. Coloque 1 colher (sopa) do creme de leite batido por cima de cada retângulo.

8. Sobre o creme, coloque as frutas fatiadas e as framboesas.

9. Acrescente outra fatia da massa, mais uma porção do creme de leite batido, as frutas e tampe com um retângulo de chocolate.

10. Decore com as frutas cortadas e polvilhe açúcar. Sirva em seguida.

TÉCNICAS DE TEMPERAGEM E DECORAÇÃO

TÉCNICA DE TEMPERAGEM 1

1. Derreta o chocolate picado ou ralado em banho-maria, até que fique completamente liso e homogêneo.

DICA:
Você pode derreter o chocolate no micro-ondas. Basta colocar a tigela com o chocolate no forno de micro-ondas, na potência alta, por 30 segundos. Retire a vasilha e mexa (mesmo que ainda não tenha nenhuma parte derretida). Coloque novamente no micro-ondas e programe mais 30 segundos. Retire e mexa. Faça isso até o chocolate estar totalmente derretido. Não aumente o tempo, pois o chocolate pode queimar.

2. Despeje o chocolate derretido numa superfície limpa e seca.

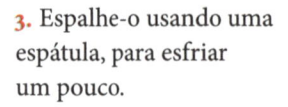

3. Espalhe-o usando uma espátula, para esfriar um pouco.

4. Faça movimentos de vaivém até que o chocolate atinja a temperatura de 27ºC. Nessa temperatura, o chocolate fica com uma textura de maionese. (DICA: Coloque um pouco de chocolate na ponta da faca e veja se está brilhante e endurecendo por igual.) Quando bem-feita, a temperagem faz com que seus bombons e ovos de páscoa fiquem brilhantes e com uma textura firme e macia.

TÉCNICA DE TEMPERAGEM 2

1. Derreta metade do chocolate que será usado em banho-maria ou no micro-ondas.

2. Fora do fogo, incorpore o restante do chocolate.

3. Mexa até que todo o chocolate derreta. Isso faz com que a temperatura do chocolate derretido diminua enquanto o picado derrete. Quando todo o chocolate estiver derretido, estará pronto para uso.

DECORAÇÃO

PARA FAZER DESENHOS:

1. Coloque no congelador uma tigela com 500ml de alguma bebida alcoólica destilada (cachaça, vodca ou licor). Deixe por 1 hora. Enquanto isso, derreta o chocolate e coloque-o num saco de confeitar ou plástico.

2. Retire a tigela do congelador e aperte o saco com o chocolate dentro da bebida congelada, fazendo ninhos ou o desenho que desejar. Assim que o chocolate encostar na bebida, ficará firme, por isso, faça o desenho rapidamente.

3. Depois, retire o chocolate da tigela com um garfo ou escumadeira.

4. Deixe secar em papel-toalha e o desenho estará pronto para ser usado.

TABELA DE EQUIVALÊNCIA DE MEDIDAS

AÇÚCAR	¼ xícara de chá = 50g
	⅓ xícara de chá cheia = 65g
	½ xícara de chá rasa = 75g
	½ xícara de chá = 100g
	1 xícara de chá = 200g
	1¼ xícara de chá = 210g
	1½ xícara de chá = 270g
AÇÚCAR MASCAVO	1 xícara de chá = 120g
AMÊNDOA MOÍDA	½ xícara de chá = 90g
AMIDO DE MILHO	1 xícara de chá = 120g
CACAU EM PÓ	1 colher de sopa = 6g
	½ xícara = 50g
	1 xícara = 100g
CHOCOLATE EM BARRA PICADO	1 xícara de chá = 180g
CHOCOLATE EM PÓ	1 colher de sopa = 6g
	1 xícara = 100g

COCO RALADO	1 xícara de chá = 110g
CREME DE LEITE SEM SORO	¼ de xícara de chá cheia = 50ml
FARINHA DE TRIGO	1 xícara de chá cheia = 150g 1½ xícara = 180g
FERMENTO EM PÓ	1 colher de chá = 5g
FLOCOS DE ARROZ	1 xícara de chá = 50 g
GLUCOSE DE MILHO	1 xícara de chá = 200g
LEITE	¾ xícara de chá = 180g
LEITE CONDENSADO	2 xícaras de chá cheias = 150g
LEITE EM PÓ	1 xícara de chá = 100g
MANTEIGA	½ xícara = 115g ¾ xícara de chá = 150g
OVO	3 unidades grandes = 170g

1 dl: dl é a abreviação de um decilitro, ou seja: um litro dividido por 10, o que corresponde à 100 ml.
Para converter decilitros em mililitros, basta acrescentar um zero e retirar a vírgula:
1,0dl = 100ml / 2,0dl = 200ml.

ESTE LIVRO FOI COMPOSTO
NAS FONTES ESCORIAL E MINION PRO.
O PAPEL DE MIOLO É OFFSET 90G/M²
E O DE CAPA, CARTÃO 250G/M².
ELE FOI PRODUZIDO PELA EDITORA AGIR
E IMPRESSO NO RIO DE JANEIRO
PELA EDIGRÁFICA EM OUTUBRO DE 2012.